図工科授業サポートBOOKS

小学校図工
春夏秋冬の題材50選

平田 耕介 編著

明治図書

はじめに

◉ 子供の「もっとやりたい！」の源

　私が，東京都の公立小学校の図画工作専科教員となって，20年近くが経ちました。毎日，低学年から高学年までの子供たちと図画工作の授業をしています。子供たちはよく，「図工は，楽しい！」と言ってくれます。そして，私も，子供たちが，「もっとやりたい！」と，嬉々とした表情で思わず声に出したり，「これからどうやって表していこうか？」と，真剣に材料や作品と向き合ったりしている姿に出会うと，充実した豊かな時間を過ごしているなぁと，しみじみ実感するのです。

　そんな，子供たちの「つくりたい！」や「もっとやりたい！」という主体性を発揮する原動力は，いったいどこからやって来るのでしょうか。

　私は，図画工作という教科の特性が子供の主体性の原動力に深く関係していると考えます。なぜなら，図画工作という教科は，子供の日常に寄り添いながら，題材を組み立てることができるからです。

　例えば，4月の新学期から年度末の3月まで，1年間の季節に沿って，題材をいくつか想定してみます。

- 春，校庭に出て草花を探すことから思いを広げる題材。
- 夏，しばし暑さを忘れ，水を材料にして形や色を感じ取る題材。
- 秋，様々な形をした落ち葉や木の実から想像を膨らませる題材。
- 冬，強い風を受けながら，材料と関わり，寒さだって楽しく感じる題材。

　このように，図画工作の授業は，1年を通して，気候の穏やかな気持ちよい季節には屋外へ出てみたり，暑さの厳しい猛暑の季節には，水と関わったりと，子供が日々感じている自然の営みに，授業のねらいを関連させて，題材を柔軟に検討することができるのです。もちろん，授業を組み立てる基盤は，学習指導要領に則ります。それを基盤にしながらも，子供の日々の生活や実態に合わせて，柔軟に題材を設定できるのが，図画工作の特性のひとつだと考えます。子供にとっての「私事（わたくしごと）」と，題材がつながるとき，そこに，子供の心が動き出す「必然」が生まれると感じませんか。その必然性が子供の主体的な活動を引き出す源になっているのでしょう。

　そこで，本書は，子供とともに日々変化する季節の移り変わりに視点を置きました。「春夏秋冬」をテーマにした題材をわかりやすく紹介した「50選」の題材集です。

　「季節と子供」を，「図画工作」という教科がどのようにしてつなぐことができるのか，この1冊を通して読者の皆さんも，是非，考えてみてください。

◈ 日々の子供たちの姿から

　東京都の公立小学校には，図画工作の専科教員が各校に1人ずつ配置されています。そして，都では，行事や学級経営，算数や国語などの教科ごとに，公的な研究会を設置しています。したがって，都の公立小学校の図画工作専科教員は，全て「東京都図画工作研究会」（通称：都図研）に所属することになります。

　本書で紹介する「50選」の題材は，都図研の専科教員が実践したものです。季節と関連した実践を厳選してまとめていますが，どの実践も，日々の子供たちとの関わりや姿を手掛かりに，ねらいや内容を整理しながら編み出された実践ばかりです。

　教科書にも，季節からヒントを得た題材がたくさんあり，実践された先生方も多いと思います。本書では，全ての題材が「春夏秋冬」に関連し，それぞれの季節の項目ごとに「造形遊び」「絵や立体，工作に表す」「鑑賞」の領域で整理しています。

　図画工作の専科教員に限らず，全国の先生方に活用していただけるように，ページの構成は見やすく，授業の流れが時系列でわかるようになっています。また，ねらいや準備，およその時間数，その題材で大切にしてほしいことや，指導と評価のポイントも短い文で示しました。

◈ 新しい学習指導要領と「季節の題材」

　平成29年3月，新学習指導要領が告示されました。全ての教科で，目標を達成するために育てたい資質・能力が，「知識及び技能」「思考力，判断力，表現力等」「学びに向かう力，人間性等」という3つの柱に整理されました。これは各教科における指導のポイントが明確になり，目指す資質・能力をより具体的に考える必要性が高まったということです。また，新学習指導要領の図画工作の目標は，**「表現及び鑑賞の活動を通して，造形的な見方・考え方を働かせ，生活や社会の中の形や色などと豊かに関わる資質・能力を次のとおり育成することを目指す」**となりました。その内容は平成20年告示のものと大きく変わっていないことが理解できます。しかし，注目すべき点のひとつに，「生活や社会の中の形や色に豊かに関わる資質・能力」の育成という文言が加えられた点があります。「生活や社会の中の形や色」と，「季節」という自然の営みは，造形的な見方や考え方を働かせるうえでも大切な手立てと言えるでしょう。

　「季節の題材」を設定する際は，学習指導要領の目標と，目の前の子供たちの実態をしっかりと捉え，その題材で育つ資質・能力を整理する必要があります。そして，各学校の図画工作の年間計画を基に，領域のバランスや学年の時間数に応じて設定しましょう。

　こうしたことを踏まえて，多くの先生方に本書が活用されることを願っています。

2019年1月　平田　耕介

もくじ

はじめに ……………………………………………………………………………… 002
題材一覧 ……………………………………………………………………………… 008

序章 季節の題材で,子供の「つくりたい！」を引き出そう！

1 題材に季節を取り入れるポイント ………………………………………………… 010
2 季節の題材を子供の「つくりたい！」につなげるポイント …………………… 011
3 年間計画に位置付けるポイント …………………………………………………… 012
4 子どもの生活と社会を生かした題材設定のポイント …………………………… 013
5 季節の題材を実践するポイント …………………………………………………… 014

1章 春の題材

1 桜が散ってもHAPPY・HAPPY ……………………………… 造形遊び 中学年 016
2 さくらさくら・ちょうちょ ……………………………………… 絵・立体 低学年 018
3 いってみたいな くものうえ …………………………………… 絵・立体 低学年 022
4 はるカード ………………………………………………………… 絵 中学年 024
5 はるのにわには …………………………………………………… 絵 中学年 026

6	春を集めて	絵	中・高学年	028
7	はじまりの花	絵	高学年	030
8	春コラージュ	絵	高学年	032
9	つむりんとあそぼう（梅雨）	絵・立体	低学年	034
10	あじさいさいたよ（梅雨）	絵	低学年	036
11	6月の花嫁（梅雨）	絵	中学年	038
12	おしゃれぼうず（梅雨）	立体	中学年	040

コラム1　年末年始はヒントがいっぱい！

2章　夏の題材

13	みどりと水のいいかんじ	造形遊び	高学年	044
14	ねんどと水で何しよう！	造形遊び	高学年	046
15	生長するひまわり	絵	低学年	048
16	アイスランドのペンギンくん	絵	中学年	050
17	ウキウキルンルン	絵	中学年	052
18	キラキラパフェ	立体・鑑賞	中学年	054
19	ジャバジャババシャーン	立体	中学年	056
20	ふるいけや	立体	中学年	058
21	カラフルサングラス	工作	低学年	060
22	にじみを生かしたうちわづくり	工作	低学年	062
23	ＢＴ（ブリーチＴシャツ）	工作	高学年	064

| 24 | 風の音をつくろう | 工作 | 高学年 | 066 |
| 25 | 水の一瞬を切り取って… | 鑑賞 | 高学年 | 068 |

コラム2　子供にとって「図工」はひとつ

3章　秋の題材

26	おうえんフラッグ	絵	全学年	072
27	えんそくへいこう！	絵	低学年	074
28	秋の落とし物	絵	中学年	076
29	祭りだ！　ワッショイ！	絵	中学年	078
30	月夜の晩に	絵	中学年	080
31	秋色のコンポジション	絵	高学年	082
32	秋風のまち	絵	高学年	084
33	ボンドオバケパーティー	立体	中学年	086
34	あの一瞬を残そう！	立体	中学年	088
35	○○から○○をまもるかかし	立体(共同制作)	高学年	090

コラム3　あるのかな？「正しい図工」

4章　冬の題材

- 36　ガンガン氷で何しよう　　　　　　　　　　造形遊び　中学年　094
- 37　風を感じて　　　　　　　　　　　　　　　造形遊び　高学年　096
- 38　ゆきがふったら　　　　　　　　　　　　　絵　　　　低学年　098
- 39　「ねこどし」があったらいいニャン　　　　絵　　　　低学年　100
- 40　干支の絵かきぞめ　　　　　　　　　　　　絵　　　　低学年　104
- 41　真冬に描く心の中の花　　　　　　　　　　絵　　　　高学年　106
- 42　わたしのふわふわちゃん　　　　　　　　　絵・立体　中学年　108
- 43　なかよしゆきだるま　　　　　　　　　　　立体　　　低学年　110
- 44　冬やすみ，こんなことしました　　　　　　立体　　　低学年　112
- 45　おねがいだるまん　　　　　　　　　　　　立体　　　中学年　114
- 46　えんぎもの　　　　　　　　　　　　　　　立体　　　中学年　116
- 47　飛び立つカタチ　　　　　　　　　　　　　立体　　　6年生　118
- 48　立体福笑いをつくって遊ぼう　　　　　　　工作　　　低・中学年　120
- 49　ビニール凧をつくって揚げよう！　　　　　工作　　　中学年　122
- 50　○○小　瞬間コレクション　　　　　　　　鑑賞　　　6年生　124

おわりに　　　　　　　　　　　　　　　　　　　　　　　　　　126
執筆者一覧　　　　　　　　　　　　　　　　　　　　　　　　　127

題材一覧

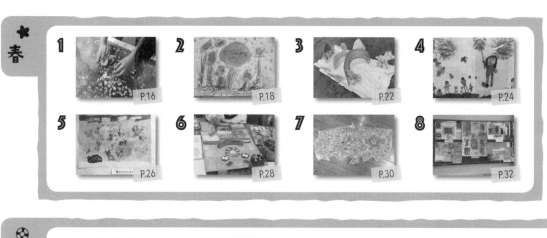

春

1 P.16
2 P.18
3 P.22
4 P.24
5 P.26
6 P.28
7 P.30
8 P.32

夏

13 P.44
14 P.46
15 P.48
16 P.50
17 P.52
18 P.54
19 P.56

秋

26 P.72
27 P.74
28 P.76
29 P.78
30 P.80
31 P.82

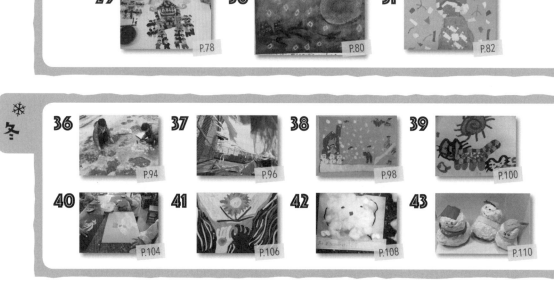

冬

36 P.94
37 P.96
38 P.98
39 P.100
40 P.104
41 P.106
42 P.108
43 P.110

梅雨

9  P.34

10  P.36

11  P.38

12  P.40

20 P.58

21  P.60

22 P.62

23 P.64

24 P.66

25  P.68

32  P.84

33  P.86

34  P.88

35  P.90

44 P.112

45 P.114

46 P.116

47 P.118

48 P.120

49 P.122

50  P.124

009

序章 季節の題材で、子供の「つくりたい！」を引き出そう！

1 題材に季節を取り入れるポイント

1 子供の日々の姿から考える

　保健委員会の子が1年を通じて図工室の石鹸を点検し、補充しにきてくれていました。ある日、その子は「夏は石鹸の減りが早いです」とつぶやいていたのです。私は、石鹸の減り方で季節を感じるその子の感性が、素敵だなぁと思いました。夏場の子供たちは、知らず知らずのうちに、水と関わりたい意識が強まり、流し場にいる時間も増え、「石鹸の減り」が早まっていたのでしょう。

　材料や用具を片付けている子供が、その用具の形や、材料の色を捉えて片付けをしていることがよくあります。例えば、工具の引き出しを開けたら、ペンチが規則正しく並んでいたり、クリップが箱にピッタリ合わせてしまわれたりしていて、思わずハッと驚いたことがあります。

　このように、子供は、季節の変化を敏感に感じ取ったり、直感的に造形的な視点で対象を捉えたりしていることがよくあります。それは、自分の感覚や行為から、自然の営みや日常の中の造形に気付く姿であり、言語とは異なる感性を働かせている姿だと感じます。こうした日々の子供の姿を見取っていくことが、「季節の題材」を設定するための大切なポイントです。

2 子供と季節について知る

　子供たちに好きな季節を聞いたことがあります。プールや海に行ける夏が好き。お正月があって、雪が降る冬が好き。子供たちはそれぞれに、好きな季節があるようです。プール、海、お正月、雪など、子供と季節について知ることで、題材につながるキーワードをいくつも見付けることができます。

ポイント

　子供の日常に目を向けましょう。子供は、感覚的に季節の変化を感じていたり無意識にものの形や色を捉えたりしています。そんな子供の姿から、季節と図画工作がつながるポイントを考えます。

2 季節の題材を子供の「つくりたい!」につなげるポイント

1 なぜこの題材なのかを考える

　皆さんが「季節」をテーマに実践するとき，その題材を設定した理由を，どのように子供へ伝えますか。ここを整理しておかないと，授業の軸がはっきりせず，子供の「やってみたい」意欲につながらないことがあります。

　例えば春に，花をかく題材を設定したとします。しかし，全ての子供が，春だから「花」と思っているでしょうか。そこで，まず私たちが感じた「春」を，子供に伝えてみましょう。「日の出が早まって早起きが楽になったなぁ」など，身近なことでよいのです。きっと共感する子供がいると思います。そして，「校庭の花壇に花が咲いていたよ」「公園の桜がきれい！」など，具体的な出来事を子供に伝えます。すると，気候や草花に関心のある子もない子も，少しずつ春や草花を身近に感じ，興味をもちはじめるかもしれません。実際に外に出て，風を感じたり，草花や木々に触れたり，体験することもおすすめします。土から出てきた虫などに出会うこともあるでしょう。体験を通した様々な発見がきっとあります。それが，子供の思考や感性を豊かにし，表現への意欲にもつながります。

2 「季節」は発想のヒントになると知る

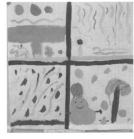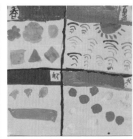

　上の２作品は，「季節の題材」ではありません。自分らしい模様を考えながら「絵に表す」中学年の題材でした。「季節」をテーマにかこうと，隣同士の２人が思い付き，画用紙を四分割し，想起されるものや形，色を２人で対話しながらかきました（色がお見せできず，残念です）。

　このように，子供自らが「季節」を主題にしている姿を見ると，子供にとって「季節」とは，発想を広げるための手立てとなっていることがわかります。

ポイント

　子供にとっての題材設定の理由を考え，自分と子供の思いをつなぎます。

　「春夏秋冬」それぞれの季節に子供なりのイメージがあり，主体的な発想のヒントになっていることを知りましょう。

3 年間計画に位置付けるポイント

1 学校は季節とともにある

学校は季節とともに動いています。題材とのつながりを考えながら，学校の1年間をざっと見直してみましょう。

春，新しい友達や担任の先生，教室も変わり，子供たちは，どこか，気分が高まっているように感じます。そんな，気持ちの高まりとともに，気候も暖かくなり，花の開花が進み，新緑の美しさなども増していきます。空に鯉のぼりが泳ぎ，梅雨には，紫陽花が見事に咲く学校もあるでしょう。遠足や水泳，待ちに待った夏休みを経て，秋には学習発表会や大きな行事などが設定されていることでしょう。そして，年末年始から早春へ，学年の終わりや卒業の季節です。

学校の1年間には，出会いや別れ，自然，文化，行事など，子供の生活や感情に根差した題材のヒントがたくさんあります。

2 「いつ，どの領域で」を考える

例えば秋に，校庭の落ち葉を集めて題材を設定したとします。集めた落ち葉が材料になってしまう面白さは，子供にとっての「必然」と言えるでしょう。しかし，実施する領域によって，子供と材料の関わり方は異なります。「造形遊び」と「絵に表す」活動では，場の設定や，追加の材料，用具の準備も異なります。さらに，実施の時期や領域に偏りがないかを確認しておくことも大切です。

行事に関連した題材を設定する際は，実施のタイミングを考えます。体験したことを想起して表す題材と，これから始まる体験を想定して表す題材では，内容も子供の思考の道筋も異なります。行事の後なのか，事前なのかを決め，どちらにしても，子供が主体的に発想し，表したいことが見付けられる手立てを整理しておく必要があります。

ポイント

学校の1年間を見直し，子供にとっての「必然」を考えましょう。

年間計画に合わせて，実施の時期や領域を決めます。そして，材料，用具，場の設定を整理していきましょう。

4 子どもの生活と社会を生かした題材設定のポイント

1 季節の中に生活と社会があると知る

　新学習指導要領，図画工作の目標に加えられた「生活と社会の中の形や色などと豊かに関わる資質・能力の育成」を考えたとき，その「生活と社会」とは，各地域の季節の中にあると捉えることもできます。

　私が以前，真夏に北海道を旅したとき，夜の気温が12度まで下がり驚きましたが，地元の人にとっては，それほど珍しいことではなかったようです。また，秋に沖縄と北海道では，気温差が50度もあったというニュースを聞いたこともあります。地域によって，梅雨がなかったり，降雪がなかったりしますが，東西南北どの地域にも四季の変化が必ずあるのが日本の特徴です。

　そして，全国の季節の移り変わりとともに，そこで生活する人々の営みがあると言えます。

　人や自然が関わり合い，文化が生まれ，その営みの中に，各地域ならではの造形的な要素もきっとあることでしょう。

2 地域に合った「季節」を取り入れる

　都心部と山間部，住宅街，海沿いなど，地域によって題材設定に伴う材料，用具，環境も様々です。例えば，降雪の多い地域では，雪も材料になるでしょう。海が近い地域では，海岸に出向いて砂や流木，貝殻などを材料に題材を設定することもできるでしょう。

　その地域の，春夏秋冬の特徴を生かした季節の題材は，子供にとって必然性のある，意欲につながる題材だと言えます。また，季節に合わせて行われる地域行事に関連した題材も，子供の生活に根差した内容だと言えるでしょう。しかし，忘れてはいけないことは，その題材に，子供が形や色といった造形的な感覚を通して表したいことを主体的に見付けられる手立てがあるかということです。そこを踏まえた上で，実施時期を計画し，材料や場の設定などを具体化します。

ポイント

　自分が生活する地域の季節の変化や特徴に目を向けましょう。

　また，子供が表したいことを見付けられる，その地域を生かした題材を考えましょう。

5 季節の題材を実践する ポイント

1 子供の気持ちの感覚を導き出す

ここまで「季節の題材」を実践するためのポイントを以下の4つに整理してきました。
①題材に季節を取り入れる
②季節の題材を子供の意欲につなげる
③年間計画に位置付ける
④季節の中に子供の生活と社会がある

まずは，①で触れた子供の日常の姿に注目してみましょう。そして，私たち自身も，季節を感じ取ってみましょう。暑さや寒さといったことだけではなく，子供がどのような感性を働かせて，季節の移り変わりを感じ取っているかを観察してみると，そこに「季節の題材」のテーマを見付けるヒントや，準備すべき環境，材料などが見えてくるはずです。

そして，もう1つ，実践するに当たって，忘れてはならないことがあります。それは，季節を感じたり，イメージしたりする感覚には，言葉だけでは表せない微妙な気持ちのニュアンスがあるということです。

例えば，新学期の高揚した気分，行事前後の期待感や達成感，猛暑や北風の冷たさなど，その時々に子供が感じていることを考えてみましょう。そこには，言葉とは異なる子供一人一人の気持ちのニュアンスがあるといえます。こうした目に見えない気持ちの感覚を，現実に導き出すことができるのが「造形」ではないかと考えます。

2 題材を通して個々の感性を共有する

「造形」には，形や色といった実態があります。子供の思いが可視化された現実の姿です。だから表した作者も，見て感じ取った他者にも新しい現実が創造されるのです。

季節を感じる感性や感覚は，人によって様々です。その違いを可視化し，共有することに、他者理解の手掛かりがあり，「季節の題材」を設定する意味が見付かると考えます。

（平田　耕介）

ポイント

①～④を踏まえて，「季節の題材」のヒントを見付けてみましょう。

人の感覚や感性には，言葉では伝えきれないニュアンスがあること，形や色に表すことの意味を考えてみましょう。

1章

春の題材

1 桜が散っても HAPPY・HAPPY

中学年

造形遊び　全2時間

ねらい　自然素材の美しさや感触を味わいながら活動を思い付いたり，体全体で対象・事象を見つめながら，桜の花びらのよさや変化の面白さを感じたりする。

材料や用具

桜の花びら，透明シートを張った木枠，粉絵の具，染料，洗濯のり，透明容器

活動場所

図工室，校庭など

準備について

①子供の活動の基点となる，透明シートを張った木枠を用意する（150×60cm程度）。
②桜の花びらを集めて，容器に入れておく。
③木枠を置いて活動できる場所を確保する。できれば屋外が気持ちいい。

授業の流れ

1 桜の花びらと出会う
集められた桜の花びらを手渡されると，普段目にしていても子供は「うわーすごい！」と声を上げます。カップを渡して，校庭で子供たちにも集めてきてもらいます。主事さんに協力してもらうと，落ちた花や枝を拾っておいてくれたりもします。

2 活動場所を選ぶ
2〜3人のチームに木枠を渡し，好きなところに置いて活動してよいことを伝えます。木枠を椅子の上に置くことで，机のように使ったり下から見上げたりすることができます。

3 HAPPYな気持ちになる活動を考える
花びらを並べたり，上から洗濯のりをかけたり，粉絵の具や染料を混ぜたりして，花びらの見え方や感じ方の変化を体全体で味わいます。また，水や小さな容器なども組み合わせることで，活動が広がる場の設定や声かけをします。

この題材で大切にしたいこと
枝から離れ，散ったり舞ったり，プールに溜まって風で流れ動く，そんな花びらの美しさを子供自身の体から発せられる行為により，改めて発見したり感じたりすることを大切にします。

指導と評価のポイント
- 子供と花びらの動きを途絶えさせないように，身体と材料の関わりを大切にさせます。
- 子供が，どのタイミングで何に注目しているか，指の動きや視線を追ってみます。

桜の花びらと葉っぱなどを組み合わせます

こんな繊細な指先からはステキなものが生まれます

小さな容器にたった1つの花を入れると，何か特別な一輪のような気持ちになります

（宮内　愛）

低学年

2 さくらさくら・ちょうちょ

絵・立体 全4〜5時間

ねらい
紙を折って切った形から、蝶をイメージし、思いを広げる。桜の花びらを集めたり、花びら入りの絵の具をつくったりしたことから、イメージを膨らませ、自分らしい桜の木を表そうとする。

材料や用具
はさみ、ステープラー、のり、粉絵の具、洗濯のり、クレヨン、共同絵の具、画用紙、クラフト紙、ビニール袋、トレイ、筆など

活動場所
図工室、校庭など

準備について
①クラフト紙は、活動に合わせた大きさに切っておく（今回は50cm四方）。
②花びらを拾い集めるビニール袋は各自用意しておく。
③桜の開花時期や天候に合わせて、代わりとなる内容を検討しておくとよい。

授業の流れ1（第1〜2時）

1 紙を折って切って蝶をつくる

校庭のシンボルツリー「桜」をかくことを伝えます。そして「蝶になって桜を見に行こう」と提案します。紙を半分に折って，切って広げると，様々な羽の形になります。

2 クレヨンやパスで彩色する

つくった蝶の中心をステープラーでとめます。更に切って工夫してもよいでしょう。「黄色にしたい」「虹色がいいな」という思いに沿って，色を塗ったり，模様をかいたりします。

3 校庭へ出て作品で遊ぶ

花びらが舞う中，蝶を飛ばしたり，持って走ったりして，友達と関わりながら遊びます。

4 桜の花びらを拾い集める

遊んだ思い出に，校庭に落ちている桜の花びらを集めます。花びらは次回の授業で使うことを伝えます。

この題材で大切にしたいこと1

低学年の子供たちは，様々なことが響き合って，創造性が広がっていきます。作品で遊んだり，自然に触れたり，体全体を使った体験を大切にします。

指導と評価のポイント1

- 切った形から思いを広げて工夫している様子を見ます。
- 友達や作品との関わり方や，校庭の桜や草花からどんなことを見付け，感性を働かせているかを見守ります。

形や模様を考えて蝶をつくります

校庭で，つくった蝶で遊びながら草花と触れ合います

次時に桜をかく手立てとするために花びらを拾い集めます

1章 春の題材 019

授業の流れ2（第3～5時）

5 「花びらえのぐ」をつくる

翌週，乾燥して茶色になった桜の花びらに少しがっかりする子供もいるかもしれませんが，これに桜色の粉絵の具や洗濯のりを混ぜて「花びらえのぐ」をつくっていきます。

「桜の香りだ」「きれい！」と色や材料の変化を見て感じるだけでなく，匂いも感じながら絵の具づくりを楽しみます。

6 「花びらえのぐ」で桜をかく

遊んだ様子を思い出したり，たくさんの桜の木をかいたり，思い思いに桜をかいていきます。

この題材で大切にしたいこと2

題材を通して2つの活動を行います。桜の木をかくことは，前回の導入で伝え，子供に題材全体のイメージをもたせます。

低学年ならではの体験的な活動や遊び，材料との関わりなどを相互に関連させ，学校のシンボルである桜と，春に舞う蝶をテーマに設定したことがこの題材の柱となります。

指導と評価のポイント2

- 蝶をつくることと「花びらえのぐ」で桜をかく活動は，それぞれにねらいが異なることをしっかり押さえておきます。
- 蝶をつくるときの様子や作品との関わり，絵に表すときの様子をそれぞれ見ていきます。
- 自分らしく伸び伸びとつくったり，かいたりできるように，活動を見守ります。

4～5人1組で「花びらえのぐ」をつくります

枝や生えてきた葉をクレヨンでかきました

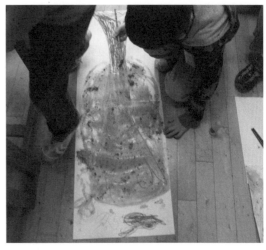

画用紙を2枚つないで大きな桜の感じを表しました

Gallery

残った花びらを貼って,散った様子を表しました

蝶を小さな紙でつくって空に貼りました

遊んだ様子を思い出して
自分や友達をかいています

大きな桜の木を元気よくかきました

(平田　耕介)

低学年

3 いってみたいな くものうえ

絵・立体　全2時間

ねらい
楽しみにしていた遠足なのに雨が降ってしまった日の題材。くしゃくしゃにした紙の感じからつくりたい雲の上の世界を思い付き，表し方を工夫しながら楽しんで立体に表す。

材料や用具
八つ切画用紙，はさみ，のり，色鉛筆などの子供が使い慣れた描画材

活動場所
図工室または教室

準備について
①画用紙を八つ切にし，1人1枚程度用意する（土台に使う）。
②①とは別に，八つ切を半分にしたサイズの画用紙を1人2～3枚用意する。雲の上に必要なものをつくるのに使う。子供が必要なときに自分で取ることができるよう，教卓等に置いておく。

授業の流れ

1 雲をつくる

画用紙をくしゃくしゃに丸めて，開いて，また丸めてを繰り返すと，ふわふわの雲になります。できたらよく見て，触って…。画用紙の感じの変化を味わいます。

2 雲の上で何をして遊ぶか考えてつくる

「サッカーをしよう」，「ふわふわプールで泳ぐよ」，「みんなでお弁当タイム！」子供一人ひとりの思いを認めます。くしゃくしゃにした白い画用紙を雲に見立てます。雲に見立てたものとは別の画用紙を切ったり折ったり，色鉛筆で絵をかいたりして，自分の雲の上の世界に必要なものをつくります。

3 友達の世界に遊びに行く

雲の上の世界ができてきたら，友達の雲の上に遊びに行くことを提案します。自分の分身になるマスコットをつくっておくと，一層世界に入り込んで鑑賞することができます。遊びながら友達の作品のよさや楽しさを感じ取っていきます。

この題材で大切にしたいこと

「遠足に行きたかったなあ」と残念に思う気持ちに寄り添い，子供の思いを引き出します。自分の思いをどんどん形にしていく面白さを味わえるよう，材料や用具は子供が扱い慣れたものを使います。

指導と評価のポイント

- 教師も子供のつくった世界に遊びに行って「ここはどんな世界ですか？」と子供の話を聞き，発想や構想の能力を見取ります。

くしゃくしゃにした画用紙の感じをじっくり味わいます

思い付いたものを画用紙でどんどんつくっていきます

「分身」で作品の世界に入り込んで鑑賞しています

（藤本美紗子）

中学年

春

4 はるカード

絵 　全4時間

ねらい
春の草花の形や色から，感じたことや想像したことを基に，自分で表してみたいことを考え，表し方を工夫して表す。

材料や用具
板目紙（A5サイズ程度に裁断したもの），春の草花，カラーペン，色鉛筆，セロテープ，油性マジック，透明シート（小さく裁断したもの），皿

活動場所
校庭，図工室

準備について
①板目紙をA5サイズ程度に裁断しておく。
②自分でとった草花を入れておく皿を用意しておく。
③透明シート（ラミネート紙を小さく裁断したものでもよい）を用意しておく。

授業の流れ

1 気になる形や色の草花をとりに行く

校庭に出て，春の気持ちのいい空気を感じながら活動できるように心がけます。活動日は，晴れた日が望ましいです。

2 透明シートに「自分ちゃん」をかく

自分で考えた「自分ちゃん」をかきます。自分に似ていなくてもよいことを伝えます。

3 とってきた草花と「自分ちゃん」を，貼り方や組み合わせ方を考えながら貼る

板目紙の上に貼っていきます。並べる，重ねる，組み合わせる，といった貼り方の工夫をいくつか示してあげると，より多くの子が楽しんで活動できます。

4 「いい感じ」だと思うカードをつくる

上からかきたいものをかき加えたり，思い付いた形や色をかいたりと，思い付いたことをどんどんやってみようと提案します。

この題材で大切にしたいこと

1年のスタート題材を想定しています。春ならではの美しい自然の形や色にも触れさせながら，のびのびと楽しく活動できるようにしたいです。

指導と評価のポイント

- 貼るということも，かくことと同じ，ということを意識させ，より多くの子がのびのびかけるように指導します。
- どのような思いをもって，カードの中を構成しているかに目を向け，製作過程と作品を評価していきます。

春の空気を感じながら，草花の形や色に目を向けます

小さな紙の上で，草花の色や形からイメージを広げます

花びらの顔がかわいい

自然の色とカラーペンで画面を構成しています

（雨宮　玄）

中学年

5 はるのにわには

絵 全4〜6時間

ねらい

新しい季節を，色，気候，生き物などから体全体で感じ，にじみの技法をベースに思い付いたことを絵に表す。

材料や用具

絵の具，クレヨン，ペン，四つ切画用紙，霧吹き，トイレットペーパー，タオル，デジタルカメラ，スクリーンなど

活動場所

校庭，図工室または教室

準備について

①活動ができる場を確認する（校庭と，図工室または教室）。
②スクリーンなど，撮影したデータを投影できるものを用意する。
③乾燥棚を用意しておく。

授業の流れ

1 春を見付けに出かける
校庭（可能であれば近所の公園や裏山など自然を感じられる場所）へ出て，季節の移り変わりを，体全体で感じます。デジタルカメラで写真を撮っておくのもよいでしょう。

2 発表する
春を感じたもの・ことを言葉や写真データなどを使って発表させ，共通認識をもつようにします。

3 春色画用紙をつくる
霧吹きなどを使用して紙を充分に濡らしてから，薄く溶いた春のイメージの色の絵の具を広げてにじませ，乾燥棚で乾かします。

4 表したいことを絵で表す
3でつくった春色画用紙に，1で見つけたこと，感じたこと，表したいことを絵の具やクレヨンなどで表現する。

この題材で大切にしたいこと

自然や季節特有の出来事など，私たちを取り巻く物事には色々な表情があるということを五感を通して感じてほしいです。また，感じたことや表現したいことは人それぞれであってよいことを互いに認識することが大切です。

指導と評価のポイント

- 1では，「匂い」「手触り」なども使って積極的に春を感じることを意識させます。
- にじみの技法を用いる際は水の量に留意し，水が多すぎた場合はタオル等で吸い取るようにします。

「春のにわ」

「学校のフェンスのむこうがわには」

（鶴内　秀一）

中・高学年

春

6 春を集めて

絵　全6時間

ねらい
校庭を散歩する中で感じた春をかいたり、集めた春を貼り付けたりした「春カード」をきっかけに、形や色を工夫して絵に表す。

材料や用具

画用紙（カード型に切ったもの数種類），カラーサインペン，クレヨン，水彩絵の具，アクリル絵の具，のり，画用紙やダンボール（カードを並べる土台になる）

活動場所

校庭，図工室

準備について

①どんな春が見付けられるか下見をしておく。
②画用紙をカード型に切っておく。その他の材料も準備しておく。
③表現したカードが並べられるような場を用意しておく。

授業の流れ

1 春を探しにお散歩へ行く

春を探しにみんなで校庭に出ます。自分なりに春の様子に関わる中で，発見したものや思い付いたことについて，図工室に戻って話を聞きます。

2 見つけた春をカードに表して集める

感じた春を小さなカードにかいたり，校庭で見付けたものを貼ったりします。かきたいものに合わせて紙を選んでかいていきます。カードを集めたり，並べたりすることを楽しむ中で絵のイメージが膨らんでいきます。

3 自分が感じた春を絵に表す

カードに集めた春を画用紙やダンボールの上で並べたり，構成したりして1枚の絵にしていきます。

4 みんなの春を見てみる

春をどう捉えてどう表したのか，みんなで見て，そのよさや面白さを認め合います。

この題材で大切にしたいこと

春の魅力を様々な角度から表現する楽しさを味わってもらいたいと思います。視覚だけでなく，音やにおい，暖かさなど体全体で感じたことが表現できるのも図画工作の魅力です。

指導と評価のポイント

- 思ったとおりにいかなくても，何度も試して気軽に表現できるようにするため，カードにかくようにします。
- 既習の経験と合わせて材料を選びます。

春の感じ方は人それぞれ。自分の味わい方で鑑賞します。

大きな紙にいきなりかくのに抵抗がある子でも，カードにかく活動には気軽に取り組むことができます。

いろいろな春が表現できました。表現の違いを知ることで，自分や友達の考えに触れることができます。

（杉山　聡）

7 はじまりの花

絵　全6時間

ねらい

6年生向けの題材。最高学年の1年のはじまりに，なりたい自分のイメージや自分の気持ちを，成長して花開く植物の姿と重ね，形や色で表す。

材料や用具

絵の具，液体粘土，カラーコンテ，木工用接着剤，筆，ぼかし網，絵の具をとるカップや小皿など，黄ボール紙

準備について

①絵の具，液体粘土，カラーコンテ，ぼかし網，小皿などを子どもがとりやすいような，材料や用具置き場をつくる。

活動場所

図工室

授業の流れ

1 6年生になった今の気持ちを話し合う

5年時との役割の違いや気持ちの変化,最後の1年をどんな風に過ごしたいかなどについて考える時間をつくります。

2「じぶん画用紙」をつくる

黄ボール紙を半分に破り,つなげ方を考えてボンドでつなげて「じぶん画用紙」をつくります(付け足しは自由)。

3 気持ちに合った色をつくり,手指でかく

今の気持ちや「こうなりたい」という,未来のイメージを大切にして色々な材料で絵の具をつくり,花の姿に重ねてかきます。

4 鑑賞する

出来上がった作品を皆で見合います。表現方法の違いやそこにある思いについて話し合います。

この題材で大切にしたいこと

4月の6年生の期待や不安,緊張感などの気持ちを見つめ,いいスタートを切ってほしいと考えました。身体や心をひらいて活動するために,不定形の紙や伸びのよい液体粘土を絵の具に使うなどしています。

指導と評価のポイント

- 子供の実態や今までの経験に合わせて,指導の手順や個々への助言を考えます。
- はじめはイメージに合わせて下地を塗るようにします。
- 気持ちの動きに合わせて少しずつ茎をのばすなど,かき方にもイメージを重ねることができるようにします。

「花鳥々」

「in the flower」

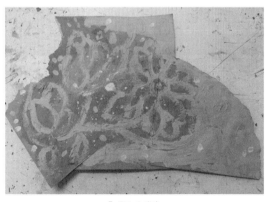

「バラの夜」

(中島 綾子)

高学年

8 春コラージュ

絵　全6時間

ねらい

春の草花や、春を感じる形や色から、自分で表してみたいことを考え、様々な描画材を生かしながら、表し方を工夫して表す。

材料や用具

はさみ，のり，絵の具，コンテ，色鉛筆，わりばしペン（わりばしの先を鉛筆のようにとがらせたもの。墨をつけてかく），墨，お花紙，画用紙・黄ボール紙（いろいろなサイズや形に裁断したもの），四つ切画用紙

活動場所

校庭，図工室

準備について

①画用紙や黄ボール紙を小さくいろいろなサイズに裁断しておく。

②春らしい柔らかい色のお花紙を5〜8色ほど準備しておく。

③絵の具数種類とコンテ，色鉛筆など，今まで経験した描画材を準備しておく。

授業の流れ

1 外に出て，草花を中心に，選んだ紙にスケッチする
　自分がかきたいものに合わせて，紙の大きさ，種類，描画材を選ぶよう呼びかけます。

2 スケッチした紙を四つ切画用紙に並べる
　並べ方によって印象が違うことに気付かせます。

3 スケッチした紙やお花紙を，重ねたり組み合わせたりして貼る
　お花紙は薄いので，下にかいたものが透けて見えることを伝えます。

4 貼った紙の上から様々な描画材でかき足したり色を塗ったりしながら，「いい感じ」の画面に近づけていく
　画面全体に目が行き届くように声かけをしていきます。

この題材で大切にしたいこと

　春の空気を感じながら，コラージュという技法に触れ，新鮮さの中にも絵をかく楽しさを味わってほしいです。

指導と評価のポイント

- 高学年の題材なので，自分が表したいものに合わせて材料を選択できるよう，声かけをしていきます。
- 表現したい内容に応じて材料を活用し，画面を構成しているかを見取り，評価していきます。

外に出て，気に入った草花をスケッチします

スケッチした紙や，お花紙などの配置を考えながら，並べたり重ねたりして貼っていきます

紙が足りなくなったら，付け足して長くしていきます

（雨宮　玄）

梅雨　　　　　　　　　　　　　　　　　　　　　　低学年

❾ つむりんとあそぼう

絵・立体　全4時間

ねらい
つくったものに愛おしさを感じたり遊んだりしながら表したいことを見付ける。紙粘土や共同絵の具など，色々な材料の触り心地や塗り心地のよさを感じながら表す。

材料や用具

紙粘土，水性カラーペン，オイルパステル，パステル，共同絵の具，黄ボール紙

活動場所

図工室，校庭など

準備について

①子供の手の平サイズに紙粘土を分けておく。
②共同絵の具を使いやすい柔らかさに溶いておく。
③事前につくった先生の「つむりん」をポケットに忍ばせておく。

授業の流れ

1 つむりんをつくる

先生のポケットからかわいいかたつむりが顔を出すと,子供たちは大喜び。白い紙粘土に好きな水性カラーペンの色を混ぜて優しい色に着色しながら,自分のつむりんをつくります。

2 つむりんとあそぶ

自分のつむりんを連れて,校庭に遊びに行きます。草木の陰や育てている朝顔の上,思い思いの場所につむりんを置いたり動かしてみたりします。

3 どこにいったの？ つむりん

図工室に戻って,黄ボール紙に自分のつむりんにぴったりの場所を絵に表していきます。絵の具が乾いたら,つむりんをボンドで絵の中に貼ります。

紙粘土がおもしろい色に変わっていく！

つむりん,どこにいるかわかるかな？

この題材で大切にしたいこと

紙粘土を触った瞬間,つむりんを朝顔に乗せた瞬間,筆で雨の一雫をかいた瞬間,子供の世界は大きく変わります。自分の手の中から生まれたものへの愛おしさを感じながら,その驚きをみんなで共有していきます。

指導と評価のポイント

- 子供の行為や気持ちに寄り添いながら,一人ひとりの活動やつむりんへの思いを読み取っていきます。
- 題名をつけると,自分が何を楽しみ大切にしたか,子供自身の振り返りにもなります。

雨の表し方もいろいろ。ピンクの雨！？

（宮内　愛）

梅雨 低学年

10 あじさいさいたよ

絵 　全2時間

ねらい
とろとろ絵の具の感触を楽しみながら、指や手を使って、あじさいを絵で表す。

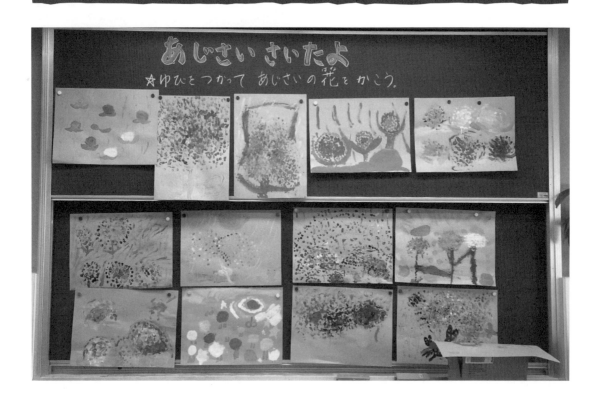

材料や用具
液体粘土，カップ，絵の具，タオル，お皿やお盆などの容器，色画用紙

活動場所
図工室または教室

準備について
①液体粘土をカップなどの容器に出しておき、「とろとろ絵の具のもと」をつくっておく。
②子供は、自分の絵の具セットから絵の具だけを使う。タオルを湿らせておく。
③お皿やお盆など、液体粘土と絵の具を混ぜることができる容器を準備しておく。

授業の流れ

1 あじさいをよく観察する
　学校に咲いている本物のアジサイをそばに置いて，触ったり見たりできるようにします。

2 あじさいの色をつくる
　「とろとろ絵の具のもと」に絵の具を混ぜて，自分のかきたいあじさいの色をつくります。本物のあじさいの色に近づけたり，自分のイメージの色づくりを楽しんだりします。

3 あじさいをかく
　自分の感覚を働かせて，色画用紙に好きな感じにあじさいをかきます。手や指を十分に働かせて，伸び伸びと表現します。

4 鑑賞する
　作品を見合って，友達の作品のよさや面白さに気付くようにします。

この題材で大切にしたいこと

　とろとろ絵の具の触り心地や色づくりを楽しみながら，活動できるとよいでしょう。
　写生画ではないので，つくった色と色の組み合わせを工夫して，自分のイメージしたあじさいを表すことを大切にしたいものです。

指導と評価のポイント

- とろとろ絵の具の触り心地を楽しんでいるかを見取ります。
- 自分のイメージを大切にして，自分なりのあじさいを表しているかを見取ります。

「あじさいは一つ一つ指でスタンプするようにかくの」

"葉っぱ"や"雨"は筆を使って

指と手の平を使って個性的なあじさいにしました
（内田佳代子）

梅雨

中学年

11 6月の花嫁

絵　全4〜6時間

ねらい
ポリ袋の質感を利用してウェディングドレスの生地に見立て，想像を膨らませて楽しく自由につくる。

材料や用具

絵の具，クレヨン，ペン，四つ切画用紙，A4程度の画用紙，ポリ袋，京花紙，はさみ，接着剤，セロハンテープ，PVAのり，映像資料（ドレス姿を見ることのできるもの）

準備について

①子供にイメージをもたせるため，ドレス姿などの映像資料を用意しておく。

活動場所

図工室または教室

授業の流れ

1 ジューンブライドの意味・由来を話す

用意しておいた映像資料を見せ，ポリ袋をドレスの生地に見立てて幸せな花嫁をつくるということを伝えます。

2 背景を考える

梅雨の季節，あじさいなどをイメージして四つ切画用紙に地塗りをします。PVAのりを混ぜると透明感が出ます。

3 花嫁の顔，ドレスをつくる

A4程度の画用紙に花嫁の胸から上をかいて切り取り，2に貼り付けます。その後，ポリ袋を束ねたり重ねたり結んだりしてドレスの雰囲気を出し，セロハンテープなどで貼り付けます。京花紙で飾り付けてもよいでしょう。

4 表したいことを絵で表す

幸せな雰囲気になるように背景などを考え，色々な描画材を使って絵に表します。

この題材で大切にしたいこと

婚礼の儀式には世界各地で色々な風習があり，それを大切に後世に伝えていくという意味ももたせています。また，ポリ袋などの日常で使用しているものも，見方を変えると色々な発見があることにも気付かせたいです。

指導と評価のポイント

- ピタッとしたところ，フワッとしたところの表現の仕方に留意させます。
- 材料や描画材の使い方に工夫があるか，独創的な表現があるかなどを評価します。

（鶴内　秀一）

1章　春の題材　039

中学年

梅雨

12 おしゃれぼうず

立体 全2〜3時間

ねらい

梅雨の終わり，晴れの日を待ち望みながら，材料の組み合わせを工夫しておしゃれなてるてる坊主をつくる。

材料や用具

白い大きなビニール袋，カラーペン，ティッシュペーパー，モール，はさみ，セロハンテープ，毛糸，丸シール，テグス，その他スポンジ・リボン・布などの飾り用材料

活動場所

教室または図工室，廊下（展示用）

準備について

①白い大きなビニール袋を切り分けて35cm×35cmのビニールシートをつくる。

②おしゃれなてるてる坊主になるような，飾り用の材料を準備する（子供にも事前に伝えて用意させる）。

③子供が材料を選びやすいように置き場所を工夫する。

授業の流れ

1 白いビニールシートにカラーペンで模様をかく

ビニールシートの中央部分が頭になることを伝えます。てるてる坊主の形にしたときに模様が見えるように工夫して模様をカラーペンでかきます。

2 てるてる坊主の形にする

くしゃくしゃにしたティッシュペーパーを球体に丸めてビニールシートの中央部分に入れ、好きな色のモールで閉じます。

3 材料を工夫して飾り付ける

目や口は、サインペンでかいたり、丸シールを使って付けたりします。毛糸やスポンジ、リボンや布などを使っておしゃれな感じに仕上げます。

4 廊下や窓辺に飾り、互いに鑑賞する

テグスで教室や廊下の窓辺などに吊して展示します。互いの作品を見合って感想を伝え合います。

この題材で大切にしたいこと

この題材では「おしゃれ」がキーワードとなります。梅雨の終わりや、晴れの日を待ち望みながら、材料の選び方や使い方を工夫して、できるだけおしゃれになるようにつくります。

指導と評価のポイント

- 材料選びや使い方を工夫して、おしゃれな感じにつくることができたかを見取ります。
- 顔の表情や体の模様を工夫できたかを見取ります。

ビニールシートに雨粒や雲の模様をかきました

↑毛糸やガーゼの布を付けておしゃれにしました

大きさの違うビニールシートで親子ができました↑

（内田佳代子）

コラム 1
年末年始はヒントがいっぱい！

　「書き初め」と同様に，図工でも「絵かきぞめ」という題材を実践したことがあります。好きなものやことなど，表したいことを見付け，絵の具で半紙にかく題材です。また，十二支に登場する生き物を主題にして，題材設定をしたこともあります。

　不思議なことに低学年から高学年まで，多くの子供たちが自分の干支を覚えていたり，新年の干支を尋ねると，知っていたりします。

　本書にも，干支を主題にした題材が紹介されていますが，十二支に登場する生き物たちは，子供にとって「必然」のひとつだと言えますね。

　しかし，学校には，様々な人との関わりがあります。信仰や考え方も様々です。干支やクリスマスなどには諸説あり，こうした内容に関連した題材を実践する際は，事前の配慮も必要です。

　一人一人の子供が表したいことを見付けられる柔軟な内容にしておく必要があるでしょう。各学校の実態に合った方法で，題材に取り入れて，子供の「やってみたい」意欲を引き出すことが望ましいです。

寅年や卯年など，干支をテーマにした木版画

2章 夏の題材

夏 高学年

13 みどりと水のいいかんじ

造形遊び　全2時間

ねらい
身近な草花の緑色や形のよさや美しさを感じながら、その並べ方や色水との組み合わせを考え、自分なりのいい感じを見付ける。

材料や用具

草花や雑草など，たこ染料，水，スポイト，ペットボトル，カメラ

活動場所

図工室

準備について

①机を養生する（白のシートを敷く。または，白い紙を敷いた上に透明のビニルシートを被せる）。
②水を入れたペットボトルとスポイトを各班に置く。
③たこ染料を水で溶いたものを材料置き場に置く。

授業の流れ

1 草花を集めに行く

校庭などで自分が気に入った形の葉や花などを集めます。

2 草花を机の上に並べたり，水との組み合わせを考えたりする

草花を机の上で操作しながら考えます。水に浮かべる，机に直接スポイトで水を垂らすなど，自分なりのいい感じの組み合わせ方を探ります。

3 色を付ける

色を付けた方がよいところは，たこ染料をスポイトなどで加え，着彩します。作品ができたら，好きな角度から写真を撮ります。

4 鑑賞する

友達同士で見合い，それぞれのよいところや表し方で気付いたことなどを発表します。

この題材で大切にしたいこと

春から初夏の緑の美しさを感じながら，自分らしい表現に生かしてほしいと考えました。水や容器と組み合わせることで，余白や空間の意識をもちながら活動が広がります。

指導と評価のポイント

- 単なる色水遊びでなく，緑が主役として活動が進む設定や投げかけをします。
- その子供なりの視点を見取ることができるようにするため，できた作品は子供自身でも写真を撮るようにします。

（中島　綾子）

夏

高学年

14 ねんどと水で何しよう！

造形遊び　全2時間

ねらい
土粘土と水に関わりながら，場の特徴を基に表したいことを見付け，組み合わせたり，つくり変えたりして，友達とつくり合うことを楽しむ。

材料や用具

土粘土（1グループに20kg），水を受けるバケツ，土台になる容器や道具（トレイ，カップ，ボウル，ポリ容器，皿など），切り糸，ヘラ，水を注ぐ容器（ペットボトルなど），ポリシート

活動場所

図工室または屋外（床面の汚れを落としやすい場所）

準備について

①机をポリシートで養生する。
②土粘土を20kgずつ程度の塊に分ける。
③土粘土と組み合わせて使うための容器や道具類を選択し，選びやすいようにまとめて配置する。なるべく汚れを落としやすく洗いやすいものを数多く用意する。

授業の流れ

1 机上の土粘土（20kg）と水で，どんなことができるのか友達と考える

周囲の様子や，バケツ，トレイ，カップなどの用具との組み合わせを考えて，表したいことを見付けていきます。

2 表したいことを見付けながらつくったりつくりかえたりすることを楽しむ

例えば，机上から下へ水を流すことを思い付いたグループは，土粘土の形を考え，バケツやトレイなどを組み合わせながらつくりだしていきます。

3 作品を見合い，試し合う

注ぐ，溜める，流すなどの様子や，流れの緩急など土粘土の形による様々な動きに着目し，見たり試したりすることを楽しみます。

この題材で大切にしたいこと

土粘土と水の関係をよく考えさせ，試しながらつくることができるようにします。

また，バケツやトレイなどの用具も材料として使えるようにしておき，発想の手立てとします。

指導と評価のポイント

- 材料の組み合わせや場の様子を捉えている姿や，手を働かせ，今までの経験を生かし，友達とつくり合っている姿に注目します。

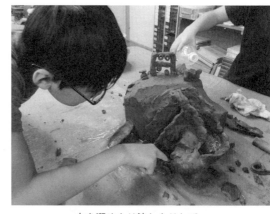
水を溜めたり流したりして，土粘土と水の関係をよく考えます

友達と対話しながら工夫して，池をつくったり，細長い通路をつくったりします

ペットボトルに入れた水を流したりかけたりしながら，友達と楽しみます

（門脇あずみ）

夏 低学年

15 生長するひまわり

絵　全6時間

ねらい
花壇で育てているひまわりの生長と一緒に画用紙のひまわりも生長させる。ひまわりの生長の姿や季節を様々な感覚を働かせながら感じ取り、形や色を工夫して絵に表す。

材料や用具

画用紙または白ボール紙，木工用ボンド，絵の具，クレヨン，パス，色鉛筆，ひまわりの種，移植ごてなど

活動場所

図工室または教室，校庭など

準備について

①ひまわりを育てるための花壇を確保する。
②花壇の土の状態を確認し，必要に応じて耕し，肥料などの準備をする。
③画用紙または白ボール紙を縦半分に切っておく。

授業の流れ

1 花壇と画用紙に種をまき，土をかく

　1人1つの種を花壇にまきます。その体験をもとに，画用紙の下部に土をかいて，大切に種を土に埋めるように木工用ボンドで紙に貼ります。

2 ひまわりの生長に合わせてかく

　子供の身長の半分ぐらいにひまわりが生長した段階で，茎と葉をよく見てかきます。画用紙をつなげて長く伸ばすこともできます。

3 花が咲いたら絵も完成させる

　花が咲いたら，花を茎のてっぺんにかいて絵を完成させます。花が咲いたその日のうちに，元気な花や真夏の色合いを工夫して表すと子供の気持ちも乗ってきます。

4 作品を展示する

　作品をずらりと廊下などに展示すると，花壇のひまわりのように生き生きと生長した様子や大きさや迫力，季節感も味わうことができます。

この題材で大切にしたいこと

　はじめに種を実際に画用紙に貼ることで，季節の変化と共に1粒の種が大きなひまわりに生長したことが実感できるようにします。

指導と評価のポイント

- ひまわりの生長と子供のもっとかきたい気持ちに合わせて画用紙をつなげて伸ばします。
- 育てることも大切なので，水あげや，肥料，太陽の光などを話題にしながら形や色を工夫して表すようにします。

いろいろな土の色ができました

ぐんぐん生長していきます

大きな画用紙なので，床でもかけます

（南　育子）

夏

16 アイスランドのペンギンくん

中学年　絵　全4時間

ねらい
氷の感触や特性を感じながら自分の思いを広げ形や色に表現する。氷の線や面を生かしたり、かかれた形や色から加筆したりして工夫する。

材料や用具

絵の具，染料，製氷皿，たこ染料，版画和紙，カラーペン，筆，小分け容器，トレイ，雑巾など

活動場所

図工室など

準備について

①水で溶いた絵の具やたこ染料を製氷皿に入れて「氷の絵の具」をつくっておく。
②絵の具が染みこみやすい版画和紙などを用意する。
③氷を4〜5人のグループに分けるための容器や雑巾なども用意しておく。

授業の流れ

1 主題と「氷の絵の具」の話をする

猛暑が続く夏，涼しい気分が味わえるように，氷の国のペンギンを「氷の絵の具」でかくことを子供たちに話します。

氷はすぐに溶けてしまうので，かき心地を感じながら，伸び伸びとかいてほしいことと，翌週，乾燥したらかきたいことを絵の具やカラーペンなどでかき足していくことも伝えておきます。

2 ペンギンをイメージしてかく

氷になった絵の具で，ペンギンの様子を想像しながらかいていきます。

画用紙ではなく，絵の具が染みこみやすい版画和紙などに「氷の絵の具」を直接滑らせるようにしてかいていきましょう。

3 かいた形や主題などからかき足しする

翌週，乾燥した作品から，発想を広げ，絵の具やカラーペンなどでかき足していきます。

この題材で大切にしたいこと

表したいことが見付かる前に氷が溶けてしまわないように，テーマをペンギンに絞って，子供の発想の手立てとしています。

指導と評価のポイント

- 凍った絵の具の独特の感触やかき心地を感じながら，自分らしくペンギンをかけるように声かけをします。
- かいた形や色などから，どんな工夫をかき足しているかも見守ります。

絵の具を製氷皿に入れて凍らせます

「ぺんぎんのかぞく」ペンで家族をかき足しました

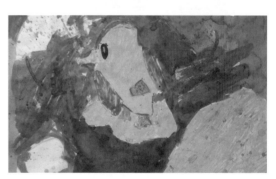
氷の上で「あそぶぺんぎん」

氷の下を泳ぐペンギン「ペンギンと氷」

（平田　耕介）

2章　夏の題材　051

夏　中学年

17 ウキウキルンルン

絵　全4時間

ねらい

液体粘土のひんやりした感触を味わいながら，夏休み前の「ウキウキルンルン」した気持ちを人の形で表す。色々と動かしながら自分の形を見つけ，色や模様を加え表現する。

材料や用具

タオル（フェイスタオル大），はさみ，絵の具，飾り（毛糸やボタンなど使いたい材料），クレヨン，液体粘土（1人300ｇ分ぐらい），四つ切黄ボール紙（厚手の紙），新聞紙，お盆（トレイ），共同絵の具，カップ

活動場所

図工室または教室

準備について

①液体粘土を準備する。小麦粉粘土をつくっても可（アレルギーの配慮を）。

②新聞紙，四つ切黄ボール紙，お盆（トレイ），液体粘土を班ごとに準備する。

③子供が自由に色を選べるように，絵の具コーナーをつくり共同絵の具を用意する。

授業の流れ

1 タオルに切り込みを入れる
　縦長にしたタオルの上部・下部それぞれから3分の1ぐらいまで中央に切り込みを入れます。

2 手でぐにゃぐにゃしてみる
　トレイに液体粘土と絵の具を混ぜ、その中にタオルを入れてぐにゃぐにゃと動かしてみて、タオルの全面に色が付くようにします。

3 タオルを広げて紙に貼る
　2のタオルが手足の形になるように切り込みを広げ、黄ボール紙の上に置きます。手足・体の動きを工夫し、楽しさを表現する「人の形」を決めます。

4 顔や手足をかく
　クレヨンで顔をかき、手のひら、靴（靴下）などもかきます（家からもってきた毛糸を髪の毛に使ったり、ボタンやモールなどを体の部分の飾りに使ったりしてもよいです）。「人の形」のまわりも楽しくなるように彩色します。

タオルを切るのは大変だ

大好きな色に染まったよ

この題材で大切にしたいこと

　液体粘土でつくる可塑性を十分経験し楽しみます。「人の形」は子供によってはイメージしにくいので、先を見通せず活動に入り込めなくなることもありますが、紙を足すなど決めた形を大切にし、形や色、描画などから子供の思いを共有したいものです。

指導と評価のポイント

- 可塑性のあるタオルで、いろいろな形を楽しみながら試し、自分の形を見付けられるようにします。
- 1枚の絵全体がリズミカルになるよう着色したり飾りを用いたり工夫できるようにします。

まわりも楽しくしたいな

（尾科婦美子）

夏 中学年

18 キラキラパフェ

立体・鑑賞　全2時間

ねらい
水やゼリーの質感，色，透明感を味わったり，色の変化を見たりしながら，色の組み合わせを工夫して表す。

材料や用具

水，水彩絵の具や染料，プラカップなどの透明容器，プラスチックのスプーン，吸水ポリマー，飾るもの（ビーズやモール，花や葉など）

活動場所

水道のある場所，光が差す場所

準備について

①吸水ポリマーの水との比率による固さの変化を確認しておく。

②プラカップなどの透明容器やプラスチックのスプーンを集めたり購入したりして用意しておく。

③図工室などで活動する場合は養生するか，雑巾等を用意する。

授業の流れ

1 色水をつくる
　プラカップに水彩絵の具や染料で自分の好きな色の色水をつくります。

2 質感の変化を楽しむ
　色水ができたら，吸水ポリマーを入れてかき混ぜ，ゼリーのように質感が変化することを楽しみます。吸水ポリマーの量で固さを試しながらつくっていきます。

3 盛り付ける
　みんなのゼリーを並べてバイキングのように回り，固さの違いや色の組み合わせを考えながら別のプラカップに盛り付けていきます。

4 鑑賞する
　できたキラキラパフェを光にかざしたり，仕上げのトッピングをしながら自分や友達のパフェを鑑賞します。

この題材で大切にしたいこと

　夏の日差しに色水やゼリーをかざして，透明の素材から感じる清涼感，色と色の響き合いを味わう時間となることを期待しています。吸水ポリマーによって水の質感が変わっていく不思議さも楽しみたい活動です。

指導と評価のポイント

- 自分の好きな色や質感を探りながら活動を展開していくことができるようにします。
- 光を通したときの透明感や色と色の響き合いを実感する活動となるよう，自然に鑑賞につながる場の設定を意識します。

質感の変化を楽しみながらゼリーづくり

光にかざしたらどんな風に見えるかな

花や葉も飾って，できあがり

（河野　路）

夏

19 ジャバジャババシャーン

中学年 / 立体 / 全6時間

ねらい
色遊びや切った紙の形の組み合わせからイメージを広げ，水で遊ぶ様子を立体に表す。

材料や用具

はさみ，のり，絵の具，マーカー，軽量粘土，画用紙（八つ切），色画用紙（八つ切）

活動場所

図工室または教室

準備について

①事前に，海や川などの写真などを子供たちの目にふれさせておく。
②色画用紙は水をイメージするような色を可能ならば数種類用意し，イメージに合うものを選ばせる（「深い海だから，濃い青」「水色だから，明るい感じの海」など）。
③軽量粘土は1人30〜50gくらい，4〜6人のグループで1袋を分けあって使う。

授業の流れ

1 水のイメージで絵の具遊びをする

プールや海や川の話をして、水のイメージを広げ、色を混ぜたり、水の量を加減したりと筆の使い方を工夫して、絵の具遊びをします。右写真のように、画用紙に思い切りかかせます。

2 紙を切って半立体に組み立てる

色遊びをした1の紙をはさみで波のような形に切り、水のイメージに合う色画用紙に立体的になるように貼っていきます。

3 軽量粘土で自分の模型をつくる

軽量粘土で遊んでいるポーズを工夫して自分の模型をつくります。絵の具やマーカーで色を塗ったり、練り込んで色を付けたりします。2の立体の好きな場所に接着剤で貼り付けます。

4 つくりたいものを加える

「ママは浮き輪をつけているよ」「海底にタコがいるんだ」「ぼくはボートに乗るよ」など、思い思いのつくりたいものを加えます。

この題材で大切にしたいこと

自分がつくった半立体の中に入り込み、実際に遊んでいるような気持ちでつくらせたいです。

指導と評価のポイント

- 絵の具遊び、半立体への組み立てなど、手を動かし工夫する中で発想を広げさせます。
- 子供と同じ目線で作品の中に入り込み、子供の思いに寄り添って、表し方の工夫を評価します。

後で切ることは先に伝えておき、思い切り筆を走らせます

切った紙をねじったり波型に貼ったり、立体的に付けます

（林　小和子）

夏　　　　　　　　　　　　　　　　　　　　　　　　中学年

20 ふるいけや

立体　全6時間

ねらい
身近な材料の形から発想し，手で口をパクパクする動きやポーズを変えられる方法を生かし，自分が考えた生き物を形づくる。

材料や用具
封筒，クラフト紙，針金（アルミ），新聞紙，はさみ，ペンチ，セロハンテープ，接着剤，色紙，目の材料（キャップ，ボタン，ビーズなど），絵の具

活動場所
図工室

準備について
①中学年の子供が手を入れて操作しやすい大きさの封筒を用意する。

②針金を子供が自分の使いたい長さに切ることができるよう，まずペンチの使い方を説明する。

③針金は，切り口でケガをしないよう，先を曲げておくか，端と端を持って運ぶなど注意することを伝える。

授業の流れ

1 仕組みを捉えてイメージを広げる
　封筒に手を入れてパクパクさせたら，生き物の口に見えてきます。有名な俳句「ふるいけや…」のカエルに見立てて，動くところを説明します。子供たちは，自分だったらどんな生き物にしようか考え，イメージを広げていきます。

2 生き物の体をつくる
　クラフト紙に針金を芯として貼り，クシャクシャにした新聞紙で肉付けをして手足や水かき，しっぽなどを工夫してつくります。目にする材料も探して接着剤などで付けると立体的になります。

3 着色・装飾して仕上げる
　色を塗ったり，体の部分・衣装・飾りなどを色紙でつくったりして仕上げます。

4 鑑賞する
　作品のポーズや飾る場所を考えて，展示して鑑賞します。

動きやポーズを試しながらつくります

この題材で大切にしたいこと

　身近な材料の形から発想し，手で口をパクパクする動きやポーズを変えられる方法を生かして，自分が考えた生き物をつくることを楽しむ活動です。

指導と評価のポイント

- 封筒の形を生かして，動きを楽しみ，立体的な生き物の表現につなげていくことを目指します。
- できた作品を展示する場所やポーズを考えることで，作品を客観的に鑑賞する場を設けます。

色や飾りを工夫して仕上げます

できた作品はポーズを考えて展示します
（河野　路）

21 カラフルサングラス

夏 / 低学年 / 工作 / 全2時間

ねらい
工作用紙とカラーセロハンを使って，形や色を工夫したサングラスをつくる。
できたサングラスを身に付けて互いの作品のよさや面白さに気付く。

材料や用具
はさみ，のり，カラーペン（油性），カラーセロハン，工作用紙，輪ゴム，目打ちまたは鉛筆，タオル，ステープラー

活動場所
図工室または教室

準備について
①工作用紙を45cm×10cm（1人1枚）のサイズに切っておく。
②グラスの部分に使うカラーセロハンは，赤・黄・青・緑のものをあらかじめ切っておく。
③カラーペンと輪ゴムを準備する。

授業の流れ

1 サングラスの形をつくる

　好きな形に工作用紙を切り，カラーペンで模様や色をつけます。

2 目の部分に穴を開け，好きな色のカラーセロハンを貼る

　目の部分はタオルを敷いた上で目打ちか鉛筆で穴を開けてからハサミで切り抜きます。そこに，好きな色のカラーセロハンをのりで貼ります。

3 輪ゴムを付けて身に付けてみる

　2本つないだ輪ゴムを，右写真のようにサングラスのつるの部分にステープラーで取り付けます。耳にかけるタイプではなくお面のように頭にかぶるタイプのサングラスができあがります。

4 身に付けた作品を互いに鑑賞する

　できた作品を身に付けて友達と互いの作品のよさや面白さを見付けて，伝え合います。

この題材で大切にしたいこと

　夏休み前，ウキウキ気分の低学年が身に付けたくなる，かっこいいサングラスをつくる工作題材です。形の面白さや色付けの工夫で個性的な作品を目指しましょう。

指導と評価のポイント

- サングラスの形や色を工夫してつくることができたかを見取ります。
- 友達の作品のよさや面白さを見付けられたかを見取ります。

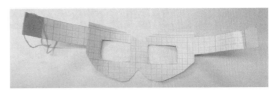
工作用紙に自分の好きな形をかき，切り抜きます

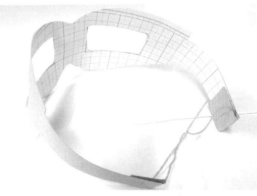
装着したときに落ちないよう"つる"を輪ゴムでとめます

カラフル「3レンジャー」集合！

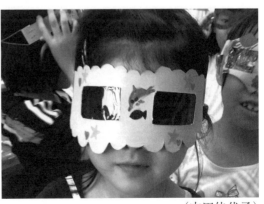

（内田佳代子）

夏 低学年

22 にじみを生かしたうちわづくり

工作　全4時間

ねらい
にじみの活動から形や色のよさに気付き，好きな感じに絵や模様を表す。

材料や用具

うちわの土台（再生紙を使ってあらかじめうちわの形ができているものを使用），色がにじみ出す色紙（材料カタログに掲載されている），はさみ，ボンド，筆，水，顔料マーカー（ポスカ），油性カラーペン，厚紙，ドライヤー

活動場所

図工室または教室

準備について

①うちわの土台とにじむ色紙は，材料カタログで事前に注文しておく。

②にじむ色紙は，使いやすい大きさに切っておく。

③ボンドを水で溶いたボンド水をつくっておく。2Lの空のペットボトルの底から2cm程度の量のボンドを入れ，水を入れてよく振ってつくるとちょうどよい。

授業の流れ

1 うちわの土台に，にじみを楽しみながら色を付ける

うちわの土台に，ボンド水をつけた筆を使って，色紙を好きな感じに貼っていきます。重ねたり並べたりしながら，色紙からにじみ出す色のよさに気付きます。表面ができたら，ドライヤーで乾かし，裏面も同じように色紙のにじみを生かして着色します。

2 持ち手部分をつくり，にじみの上や持ち手に模様や絵をかく

持ち手部分にボンドで厚紙を付けます。顔料マーカー（ポスカ）や油性のカラーペンで絵や模様をかきます。

3 完成したうちわを使ってみる

できあがったら，使ってみたり，自分や友達の作品を見たりして，それぞれの面白さやよさに気付きます。

"にじみ"は筆で，"もよう"顔料はマーカーで

裏面の着色の前に，表面をドライヤーで乾かします

この題材で大切にしたいこと

自分のうちわを楽しんでつくりながら，にじみの面白さやよさに気付く活動です。にじみから発想を広げ自分の好きな模様や絵を思い付くことができるようにすることが大切です。

指導と評価のポイント

- にじみを出す活動から形や色のよさに気付き，好きな感じに絵や模様を表しているかを見取ります。
- 友達と作品を見合う中で，よさや面白さに気付いているかを見取ります。

自分だけのオリジナルのうちわができたよ

（内田佳代子）

夏　　　　　　　　　　　　　　　　　　　　　高学年

23 BT（ブリーチTシャツ）

工作　　全2時間

ねらい
折ったり，絞ったりしてできる模様の形を考えて，世界に1枚だけのオリジナルのTシャツをつくる。

材料や用具

無地のTシャツ，次亜塩素酸ナトリウムか漂白剤（塩素系），ビニール手袋，輪ゴム，わりばし，洗濯用の桶やバケツ，500mLペットボトル，プラスチック製のトレイ

活動場所

図工室または教室（※活動中に十分換気できるように注意）

準備について

①漂白液をつくる。原液のままだと大量に必要になってしまうので，2〜3倍程度に薄める。ペットボトルに入れ，キャップに穴をあけておく。

②漂白液が染み込みやすいように，Tシャツは洗濯して軽く脱水しておく。

③安全のため，長袖の服とビニール手袋を着用させる。

授業の流れ

1 Tシャツを折ったり，絞ったりする
　Tシャツに模様が付くよう，折ったり，輪ゴムで縛ったり，わりばしをくくり付けたりしていきます。折り染めや絞り染めの資料を参考にしたり，折り方や絞り方を組み合わせたりします。低学年で既習の「折って切って開いて」（紙を何回か折って，はさみで切って開いて左右対称などの形をつくる活動）のことを思い出させると理解しやすいです。

2 漂泊液をかける
　プラスチック製のトレイの上にわりばしを3本ほど置き，その上に渡すように水気を絞ったTシャツを置きます。ビニール手袋をはめて，ペットボトルのキャップに穴をあけた容器に入った漂白液を，Tシャツにかけていきます。

3 水洗い・すすぎをする
　漂泊されてきたら，水につけて水洗いとすすぎをします。すすいだTシャツは1度洗濯をします。

4 みんなで着て鑑賞して楽しむ
　ファッションショーをしたり，普段着として着たりして楽しみます。

この題材で大切にしたいこと

　自分で自分の着るものをつくるということ，自分たちの身近にも形や色があふれていることを実感することをこの題材では大切にします。

　Tシャツをつくるには，藍染やシルクスクリーンなどの方法もあります。子供たちは自分でつくったものには愛着がわくはずです。

指導と評価のポイント

- 折り方や絞り方，組み合わせなどを工夫しているかを見取ります。

※ここで紹介している題材は，安全に十分に配慮の上行ってください。

参考資料を基に折り方を試してみます

トレイに液が浸らないように
わりばし等を敷いて漂白液をかけます

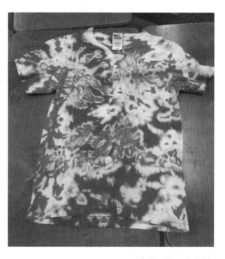

（菅野　光洋）

24 風の音をつくろう

工作 　**全6〜8時間**　**高学年**　**夏**

ねらい
アルミ板を切り取ったり叩いたりして生じる固さと音色の変化に触れて，他の材料とは異なる金属の特徴を感じ取り，ぶつかり合って風に鳴る音のイメージを形に表す。

材料や用具
アルミ板（0.3×200×300mm），工作用強力はさみ，芋鎚，金床，ラジオペンチ，釘，テグス（4号），工作用強力はさみ，油性ペン，軍手，雑巾，アルミ線（直径1mm）

活動場所
図工室

準備について
①加工のためにアルミ板を焼き鈍す。ガスコンロ等で焙り，400〜450℃に熱してから冷やす。または，予め焼き鈍してあるものを用意する。

②テグスは，約30cmに切っておく。長すぎると絡んで扱いにくい。

授業の流れ

1 アルミ板を切る
イメージした形を大まかにペンでかいて，工作用強力はさみで切り取ります。ハサミを持つ手に軍手をはめると安全です。最初に大きめに切り分けてから細かい部分を切るようにします。

2 芋鎚で叩く
全体を均一に叩き締めます。金床や雑巾を使い，机を保護します。3cm四方の部品で両面各100回程度。途中で硬い机の上に落下させて，音の変化を確かめさせます。

3 穴を開けて糸でつなぐ
太めの釘を使って部品の端に穴をあけ，テグスを通してつなぎ合わせます。風の力でぶつかり合って音が鳴るようにするためには，1本のテグスに3つ以上の部品をつないだものを，3本以上用意する必要があります。

4 支柱にする部品と合体する
支柱にする部品は，残りのアルミ板を使っても他の材料を使ってもよいです。支柱にする部品にテグスを通す穴をあけて3でつくったテグスを結び付け，アルミ線などで吊り下げます。

この題材で大切にしたいこと
金属ならではの抵抗感と，暑い季節に嬉しい涼やかな音を味わえるようにします。

指導と評価のポイント
- 風の音のイメージで自分なりのテーマを選び，それに合わせて形を決めているかを見取ります。
- 音がよく鳴るように，部品の形や配置を工夫しているかを見取ります。

厚紙（段ボール等）を切る要領で形をつくります

両面を均一に叩きます

木の枝やペットボトル，ビーズなど身近な材料と組み合わせてもよいでしょう

（麻　佐知子）

夏

高学年

25 水の一瞬を切り取って…

鑑賞　全2時間

ねらい
水を使ってできる様々な表現を試し，それを撮影することを通して，水の新しい見方を発見したり面白さを味わったりする。

材料や用具

水，バケツ，じょうろ，いろいろな容器，デジタルカメラ

活動場所

校庭，図工室

準備について

①水を使って活動できる場所を確保しておく。
②活動内容に合わせて用具の準備をする。
③撮影した写真をすぐに見られる環境をつくっておく。

授業の流れ

1 水の秘密を見付ける
　私たちの身の回りには知っているようで知らないものがたくさんあります。今回は水を写真に撮ることで，水の一瞬の面白さや美しさを見付けます。デジタルカメラの扱い方を確認し，みんなで水の秘密を探しに行きます。

2 何度も試して決定的瞬間を見付ける
　蛇口から流れる水をクローズアップしたり，水が容器からあふれる瞬間を撮影したりして水の形の面白さを探します。友達と協力して撮影したり，できた写真を確認して追求したりする中で水の見方が広がります。

3 みんなの水の形を見てみる
　できた写真を見合い，工夫や撮影秘話を共有します。様々な形に変化できる水だからこそ，多様な表現に触れることができます。

この題材で大切にしたいこと

　写真の魅力の1つは「一瞬を切り取れる」ということです。普段は見逃してしまう一瞬を改めて見ることで，形の面白さや美しさに気付きます。そのような経験を重ねることが，ものの見方を柔軟にすることにつながるのだと思います。

指導と評価のポイント

- 気軽に表現でき，何度も試すことができるようにするため，デジタルカメラを使います。
- 活動場所で表現が大きく変化します。

表現する中で鑑賞しながら何度も試し，新しい表現を見付けます

子どもの様子や学校の環境を考慮して題材にします

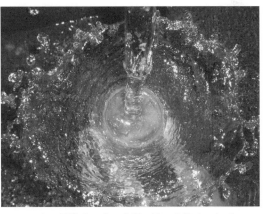

みんなで鑑賞する中で表現の違いを知ることが，新しい見方を見付けることにつながります

（杉山　聡）

コラム2
子供にとって「図工」はひとつ

　学習指導要領では，図画工作の内容が，「造形遊び」「絵や立体，工作」などに分けて示されています。

　教師は，ここをきちんと理解し，どの内容の授業なのかを整理して実践することが必要です。何故なら，何を目標に授業を組み立て，子供にどんな力を付けさせたいのかを明確にしておくためです。

　しかし，子供にしてみれば，「造形遊び」「絵や立体，工作」などの区別は，ほぼ関係ありません。子供が望んでいることは，図画工作の時間がやってきたら，「やりたい！」と思う意欲が湧きあがり，表したいことが見付けられる「図工」の授業なのです。

　だから，私たちは，日々の子供の姿から，題材を考え，授業づくりをしていくことが必要なのでしょう。

型をとって並べています

　大雪が降った翌日に，低学年の授業がありました。教室からすぐ屋外へ出られるようになっていたので，「今つくっている作品が完成した子は，外に出て，雪で何かつくっていいよ」と，提案しました。

　終わった子から，次々と外へ出て，思い思いにつくり始めました。かまくら（頭専用?!）や雪だるまなど，様々なものをつくっていました。カップやペンのキャップなどを渡したら，雪に埋めたり，型をとって並べたりしています。私は，「これってまさに，造形遊びではないか！」と思いました。

　場の設定と子供の意欲がつながると，その姿から，子供にとっての「図工」は，ただひとつなのだと教えられますね。

キャップをさしてＵＦＯ登場?!

積んで，掘って，ミニかまくらだよ

3章

秋の題材

秋

全学年

26 おうえんフラッグ

絵　全4時間

ねらい
運動会当日に頑張る自分や友達を元気づけてくれる絵を，自分なりに考え工夫してかく。

材料や用具

不織布（四つ切サイズの不織布を対角線で裁断し，三角形にしたもの），不織布と同サイズの下がき用紙，サインペン，鉛筆，クレヨン，ステープラー，ＰＰロープ，アイロン

活動場所

図工室または教室

準備について

①展示する場所の距離をはかり，ＰＰロープの固定場所や固定方法の確認をする。
②四つ切の不織布を対角線で裁断し，旗の形にする。
③ＰＰロープに取り付ける作業をしやすくするため，不織布上部を数cm折り返しアイロンをかけておく。

授業の流れ

1 計画する

自分ならどのような絵を見ると元気が出るか，友達を元気づけられるかを考え，旗と同サイズの下がき用紙にスケッチをします。

2 旗に絵をかく

鉛筆でかいた上からサインペンでなぞり，クレヨンで彩色します。裏返して表の図案を透かしてなぞり，裏にも彩色します。

3 ＰＰロープに固定する

あらかじめつけておいたアイロン線でＰＰロープをくるむようにステープラーで固定します。

4 鑑賞する

校庭に飾る前に室内の見やすい場所でお互いの作品を鑑賞します。絵の意図を想像しながら鑑賞することで友達同士の理解を深めます。

この題材で大切にしたいこと

お互いの好きなものや形，色などを見合う活動を通してそれぞれの個性に気付かせることをねらっています。そのためにも自分なら何をどうかこうかと考える時間を十分確保し，自信をもってかけるようにしたいものです。

指導と評価のポイント

- １年生は下がきやペンがきをせずにクレヨンで直接かくなど，学年の実態に応じた内容とします。
- できるだけ濃く大きくかくと，遠目にも絵がよく見えることを伝えます。

ＰＰロープを学年1本とし，ＰＰロープの端には学年の表示をすると，自分の作品を探しやすいです

（門脇あずみ）

3章　秋の題材　073

秋 低学年

27 えんそくへいこう!

絵　全4時間

ねらい
遠足をイメージしてかいたバスの絵を，細長い画用紙の上に置き，遠足の道のりや風景などの様子を想像しながら，絵の具やクレヨン，カラーペンなどでかくことを楽しむ。

材料や用具

厚紙（B6サイズ位），画用紙（四つ切），丸シール，はさみ，のり，カラーペン，クレヨン，水彩絵の具，筆，パレット，筆洗など

活動場所

図工室など

準備について

①少し厚手の紙（B6サイズ位）をバス用に用意する。
②バスのタイヤや子供たちの顔などに見立てる，丸シールを準備してもよい。
③四つ切画用紙を，横半分に裁断しておく。

授業の流れ

1 遠足に行くためのバスをかく

バスで遠足に行く話をします。丸シールを厚紙に貼り，タイヤや乗車する子供たちの顔に見立て，形を考えてはさみで切ったり，カラーペンで色を付けたりします。

2 細長い画用紙からイメージを広げる

裁断しておいた画用紙を，のりで貼ってつなぎます。画用紙の上にバスを置き，道のりや目的地，風景などをイメージします。

3 自分のイメージをもってかく

思いに合うところにバスを貼り，想像したことを，水彩絵の具やクレヨン，カラーペンなどでかいていきます。

この題材で大切にしたいこと

遠足の前後に実践し，子供の意欲を高めます。体験したことや想像したことなどから，道のりや風景などを表すことができるようにします。バスを画用紙にすぐに貼ることを強いることなく，活動を見守りましょう。

指導と評価のポイント

- バスや道のり，風景のかき方は，子供によって様々です。どんなことを考えながら表しているか，つぶやきや活動過程を捉えましょう。
- 想像したことを，どんなふうに工夫してかいているかを見取ります。

厚紙に丸シールを貼り，バスをかきます

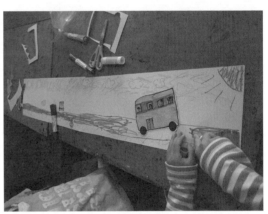

どんなところへ行こうかな…バスを置いて考えます

「2つのバスがうちゅうをとびこえた！」

（平田　耕介）

28 秋の落とし物

秋

中学年

絵　全4時間

ねらい
学校のまわりの秋の落とし物を探しに行き，自然の材料を味わったり並べたりして，形や色を工夫して絵に表す。

材料や用具

自然材（落ち葉，木の実，小枝など），画用紙，接着剤，絵の具，クレヨン

活動場所

校庭，図工室

準備について

①自然材の量を確認しておき，教師も事前に確保してストックをつくっておく。
②子供の活動を想定し，材料の準備をしておく。
③表現した作品がすぐに見られる場を用意しておく。

授業の流れ

1 秋の落とし物を探しに行く

秋になると葉が紅葉し，木の実や葉っぱなどがいろいろな場所に落ちています。どんな秋の落とし物があるのかみんなで探しに行きます。自分で見付けた材料だからこそ価値があり，その後の表現につながります。

2 見付けた秋をきっかけに絵に表す

見付けた秋の落とし物を画用紙の上に並べる中でイメージを広げます。落ち葉を何かに見立てたり，形のつながりから物語を広げたりします。

3 みんなの作品を見てみる

みんながつくった作品を見てみます。拾ってきた材料がどんな風に変わったのか，その子の工夫や発想を見ることでいろいろな可能性に触れることができます。

この題材で大切にしたいこと

枝の形，葉っぱの色，木の実の感触などを実感する時間こそが，自分なりのものの見方を広げます。自然の材料には同じものは1つもありません。自分が見付けた材料からイメージすることで，人に左右されず自分だけの表現につなげることを期待しています。

指導と評価のポイント

- 自然材が集めづらい学校であれば，ご家庭と連携したり，学校行事と合わせたりしてもよいでしょう。

沢山の落ち葉の中から気に入ったものを選んでいきます。そこにはその子なりの理由があります。

枝が生きものに，葉っぱがちょうちょに変身しました。その子の物語が広がっています。

本題材では絵につなげていますが，見付けたその場で材料と関わる題材などにも広げることができます。

（杉山　聡）

秋

29 祭りだ！ ワッショイ！

絵　全4時間

中学年

ねらい
自分の地域で行われている"祭り"をテーマにして，祭りの様子や雰囲気から発想を広げ，自分なりの形や色，方法や材料を工夫して絵に表す。

材料や用具
絵の具，筆，刷毛，ローラー，色鉛筆，マジック，画用紙，祭りの様子の動画・写真

準備について
①祭りの様子を鑑賞し，祭りのイメージなどを伝え合うことができる動画や写真を用意する。
②自分が思い描く祭りの風景をかき表すため，画用紙は縦・横自由に使えるようにする。描画材も自分で使いたいと思うものを選んで使うことができるよう，様々な種類のものを用意する。

活動場所
図工室や教室など

授業の流れ

1 祭りの様子を鑑賞する

　動画や写真で祭りの激しい動きや雰囲気を鑑賞します。

2 祭りの雰囲気を伝え合う

　「祭りの様子を見て，気付いたことや感じたことを伝え合おう」と投げかけます。

　「迫力のある神輿が格好いい！」「祭りの人たちの格好がカラフル」などの声があがることが予想されます。

3 自分なりの"祭りの絵"をかく

　自分なりに祭りの雰囲気を考えて，絵に表していきます。祭りの様子がイメージしやすいように手元で見られる写真なども用意しておくとよいでしょう。

この題材で大切にしたいこと

　地域に根ざした文化行事などを題材に取り入れることで，子供たちの発想はより豊かに発揮されます。地元で行われているお祭りなので，子供たちは生き生きと楽しんでかくことができます。季節とともに日常の身近な行事と絡めてかくことで，子供の日常に潜む表現力を引き出せるような題材提案が大切です。

指導と評価のポイント

- "祭り"をテーマにして，祭りの様子や雰囲気から発想を広げ，自分なりの形や色，方法で絵をかくことができているか見取ります。
- 自分なりの表現の工夫が見られたか見取ります。

祭りの様子がわかる動画や写真を鑑賞します

どんな雰囲気の祭りがよいかなぁ？

たくさん人をえがいてみよう！

（堀江美由紀）

秋

30 月夜の晩に

絵　全4〜6時間

中学年

ねらい
不思議な月の出た夜に不思議な物語が起こることを想像し，パステルの性質の特徴を捉え工夫して表す。

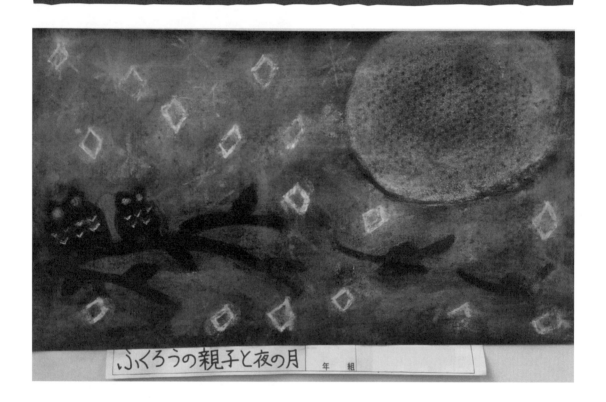

ふくろうの親子と夜の月　年　組

材料や用具
墨汁，刷毛，皿（バット），パステル，消しゴム，新聞紙，四つ切画用紙

活動場所
図工室または教室

準備について
①机に新聞紙を敷く。
②皿（バット）に墨汁を入れる。
③人数分の消しゴムを用意する。

授業の流れ

1 画面を墨で塗りつぶす
「不思議な夜をつくろう」と声をかけ，大きめの刷毛を使用して画用紙を墨汁で塗りつぶします。

2 夜空の色と月を表現する
月が出ると，夜でも真っ暗闇にはならないことを理解させます。パステルで夜空と月をかきます。

3 物語を考え表現する
月をバックにすると対象物はシルエットで表されることを理解させます。それを表現するために，消しゴムを使って墨汁で塗りつぶされた面が出てくるようにかきます。

4 さらに書き加える
必要に応じて細部をパステルでかき加えます。

この題材で大切にしたいこと

世界には月が題材になる物語や現象などが豊富にあるので，子供の実態に合わせて月や夜に興味・関心・親しみをもたせます。また，「消しゴムで絵をかく」という逆転の発想があることを発見させることも大切にしたいです。

指導と評価のポイント

- 消しゴムで対象物をかくことになるため，夜空をつくる際にパステルを紙全体にのばした方が効果的です。

「月と夜の川」
月明かりを頼りに進んでいく舟の行き先は…

「冬の空」

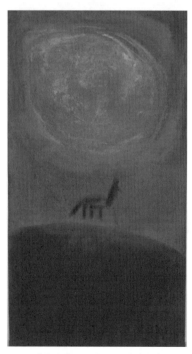

「まよ中にほえるオオカミ」
小高い丘の上の一匹狼に自分の姿を
投影したのでしょうか

（鶴内　秀一）

31 秋色のコンポジション

秋 / 高学年 / 絵 / 全4時間

ねらい
「秋色」という言葉から，自分のイメージに合わせて，様々な風合いの色紙や布などを組み合わせて絵に表す。

材料や用具
黄ボール紙，はさみ，のりまたはボンド，様々な風合いの色紙，片面段ボール，麻布，綿の布，麻紐，紙紐

活動場所
図工室や教室など

準備について
①様々な色や触り心地の色紙，片面段ボール紙など，様々な紙を用意する。
②紙類以外に，麻布，綿の布，麻紐，紙紐を用意する。
③教室の中央部分に長机を置き，上記の材料全体を見やすいように並べて，材料コーナーをつくる。

授業の流れ

1 秋色の言葉からイメージを膨らませる
　抽象的に表しても具象的に表してもよいことを伝えます。

2 材料コーナーから自分のイメージに合ったものを選ぶ
　触り心地の違う紙類，布類，紐類など，自分の秋のイメージに合った材料を選びます。材料は活動しながら選ぶようにします。

3 選んだ材料の組み合わせを工夫して秋色のイメージを表す
　材料を切ったり，黄ボール紙に貼ったりしながら，組み合わせを考えて表します。紐類や布類等はボンドで貼るとよいです。

4 できた作品に題名を付ける
　自分や友達の作品を鑑賞します。

この題材で大切にしたいこと

　イメージをもつときに，具体的なもので表現したい子供と色と形を抽象的に表して秋の感じを表現したい子供がいます。鑑賞ではそれぞれの表し方のよさに触れ子供が自分と違うよさに気付くようにすることも大切です。

指導と評価のポイント

- 自分のイメージに合わせて表し方を工夫しているかを見取ります。
- 自分のイメージに合わせて，秋色の色紙等を効果的に使うことができているかを見取ります。

材料コーナーに選びやすいように準備します

自分が感じた「秋色」の材料を配置します

「秋の終わりを表したの」「色々な表し方があるね」

（内田佳代子）

高学年

32 秋風のまち

絵　全6時間

ねらい
見たことを取り入れながら、自分なりの形や色の組み合わせを工夫し、想像を広げて絵に表す。

材料や用具
画用紙，コンテ，絵の具，鉛筆，色鉛筆，クレヨン，スポンジ，刷毛

活動場所
校舎内の高い場所，図工室または教室

準備について
①校舎内の様々な場所から、子供たちがかきたくなるような場所を見付けておく。
②秋を感じる色彩が自然と目に入るよう、教室に落ち葉や木の実を置いたり、掲示物を工夫したりする。

授業の流れ

1 まちのスケッチをする
学校近くのまちが見渡せる校舎内の高い場所でまちのスケッチをし,自分の作品にかきたいものを見付けます。

2 「秋色画用紙」をつくる
スポンジや刷毛などをのびのびと使って,自分が秋を感じる色で,「秋色画用紙」をつくります。

3 「秋色画用紙」にまちをかく
コンテや鉛筆から自分が使いたい画材を選び,まちのスケッチをもとに自分なりのまちを組み立ててかきます。

4 色を加える
コンテや絵の具,色鉛筆,クレヨンなど自分が使いたい画材を選び取り,色を工夫して表します。

この題材で大切にしたいこと

試したり,やり直したりする時間も十分にとって,試行錯誤しながら自分なりの表し方を工夫する楽しさを,十分に味わわせたいです。

指導と評価のポイント

- それぞれのスケッチのよさを子供に寄り添って伝え,「秋色画用紙」に自分なりのまちをかく意欲をもたせます。
- 形や色の組み合わせの楽しさに目を向けさせ,写実的なよさ以外にも絵のよさがあるということを指導します。

スケッチで,かきたい場所を見つけます

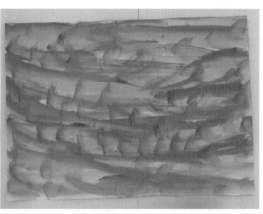

スポンジや刷毛をのびのびと使い,秋風を表現します

色の重なりや形の繰り返しの楽しさを生かして表します

(林　小和子)

秋

中学年

33 ボンドオバケパーティー

立体　全4時間

ねらい
　木工用ボンドの、乾燥すると白く透ける感じを生かして、いろいろな形のオバケを考えて工夫して表す。

材料や用具

木工用ボンド，アルミ線，トレイや画板など，ラップ，シリコンスプレー等の剥離剤，ビーズやスパンコールなどの装飾品，毛糸やモールなど

準備について

①型になるアルミ線を90cm程度に切る。1人1本を目安に用意する。

②中に入れて装飾するための材料を用意する。

活動場所

図工室または教室

授業の流れ

1 アルミ線で型をつくる

アルミ線を円にして，端を巻き締めます。円をへこませたり，引っ張り出したりして形をつくります。色々な方向から見てオバケのように見える向きを見つけます。

2 木工用ボンドを流し込む

トレイや画板などの上にラップを敷いて，シリコンスプレー等の剥離剤をかけておきます。1でつくった型のアルミ線を置き，木工用ボンドを流し込んでいきます。流し込む量によって透ける感じが変化してきます。

3 パーツを付けていく

木工用ボンドが乾燥する前に，用意した材料を使って顔や装飾を埋め込んでいきます。

4 乾燥したものを飾る準備をする

1週間程度乾燥させたものをラップからはがし，毛糸やモールなどを使って飾れるようにしていきます。

この題材で大切にしたいこと

形を見立て，木工用ボンドの感触や，いつもとは違った使い方の面白さを感じさせたいです。

指導と評価のポイント

- 形を見立てて，イメージを膨らませているか，木工用ボンドなどの材料を工夫して表しているかを見取ります。

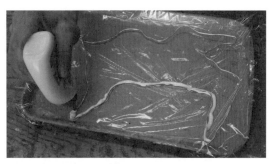

アルミ線を一筆がきでつくった型に，ボンドを周りから流し込んでいきます

完全に乾燥する前に，ビーズなどの材料を置き，再度ボンドを流し込んでいきます

できた作品は吊るしたり，曲げてポーズを取ったりして飾って楽しみます

（菅野　光洋）

秋

中学年

34 あの一瞬を残そう！

立体　全8時間

ねらい

運動会で踊った自分の姿を想起しながらアルミ針金でポーズをつくり，土粘土や軽量紙粘土の特徴を生かして形をつくったり，アクリル絵の具で彩色の工夫をしたりする。

材料や用具

アルミ針金（直径2.5～3mm），板材，木工用接着剤，土粘土，軽量紙粘土，どべ，新聞紙，アクリル絵の具，筆，きり，粘土ベラ，トレイ，雑巾，運動会の記録画像や曲の入ったCDなど

活動場所

図工室または教室など

準備について

①運動会の記録画像や曲のCDを用意し，導入で見たり，聞いたりできるようにする。

②アルミ針金30cmと60cm位を１本ずつ，板材を長さ30cm位，人数分用意しておく。

③ひび割れを直すどべ，共同で使うアクリル絵の具，雑巾なども用意しておく。

授業の流れ

1 ポーズを考えて土台に立てる

　運動会で踊った「南中ソーラン」などの踊りの記録画像を見たり，曲を聞いたりして，表したいポーズをアルミ針金でつくります。板材に2か所きりで穴をあけて，足の部分を刺して立てます。

2 土粘土を付けていく

　重さのある土粘土は，足の部分から付けていき，全体の形をつくっていきます。

3 軽量紙粘土を付けたり彩色したりする

　土粘土がひび割れした際は，用意した「どべ」で埋めます。

　はちまきや法被などは，軽量紙粘土の特徴を生かして，伸ばして付けていきます。

　色の感じがわかりやすく発色のよい，アクリル絵の具で彩色していきます。

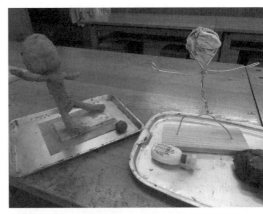

頭の部分には新聞紙などを丸めて芯材に付けます

はちまきや法被は，軽量紙粘土でつくりました

この題材で大切にしたいこと

　アルミ針金の先端に注意し，安全な扱い方を子供たちに徹底させます。

　土粘土や軽量紙粘土の特徴を体感させ，違いを生かして表したいことを見付けられるように促します。

指導と評価のポイント

- 運動会での踊りの記録画像や曲から，自分の表したいポーズなどを考えているかを見取ります。
- 2種類の粘土の特徴やアクリル絵の具の彩色などから，どんな工夫をしているか見取っていきます。

表したポーズは，子供によって様々です

（平田　耕介）

秋

高学年

35 ○○から○○をまもるかかし

立体（共同制作）　全6時間

ねらい

田んぼ等にかかしを立てる目的をもち，かかしの役割を考えることから自由に発想を広げ，特徴などを工夫しグループで協力してつくる。

材料や用具

古着，詰め物（わら，ポリ袋や新聞紙等），垂木，身辺材料（水濡れに強い素材），接着剤，釘，安全ピン，のこぎり，金づち，はさみ，アクリル塗料

活動場所

図工室（広めのスペースを確保する）

準備について

①かかしを立てる場所（展示場所）を計画する。

②古着や身辺材料を家庭から集める。

③かかし1体につき，180cmに切り分けた垂木を2本用意する。そのままの長さで使ってもよいが，必要があれば子供が扱うのにちょうどよい長さに切っておく。

授業の流れ

1 計画を立てる

グループで話し合い，アイデアスケッチや材料計画を行います。一般的なかかしは「雀などの鳥」から「米」を守ることを知った上で，「○○から○○を守る」の「○○」に別の言葉を当てはめて楽しくイメージを膨らませます。

2 かかしの骨組みをつくる

あらかじめ古着は着せた状態で垂木を十字に組み，交差する部分に釘を打ち，動かないようしっかりと固定します。

3 古着や身辺材料などを用い，頭部や，胴体，手足などを工夫してつくる

古着の下には，わらやポリ袋でくるんだ新聞紙などの詰め物をします。布同士は，安全ピンでつなぎ合わせるとよいです。

4 展示をする

田んぼにあらかじめ打ち込んだ木材に固定する，校庭の柱にくくり付ける，体育館の運動用ポールの差し込み穴を利用するなどして展示します。

この題材で大切にしたいこと

稲作の学習と並行して行うことで，目的意識や主体性を高め，楽しく活動できるようにします。

指導と評価のポイント

- 通常のかかしのイメージを超えた子供たちなりの自由なアイデアを支援します。

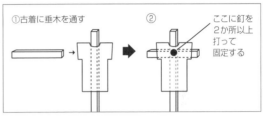

ベースとなる古着を先に通すのがポイントです。

（門脇あずみ）

コラム3

あるのかな？「正しい図工」

　子供にとって，担任の先生は，親のような存在で，図画工作専科は，親戚や近所のちょっと変わった（？）人のような存在だと感じています。週1回触れ合える，特殊な立ち位置の先生ですから，子供は他教科と違う感覚で，図工室にやってきます。私も図画工作の時間は，伸び伸びと取り組んでほしいと思っています。

　本書の冒頭でも触れましたが，例えば用具を独特の並べ方で片付ける子，版画で削った木屑を，文字の形に表している子など「何をしている！」と注意されそうなことにも，ついつい「面白いなぁ」と共感してしまったりします。でも，授業中にしっかり考えずに，ふざけたり，友達を中傷したりしている姿には，共感できません。

先生見て！木屑でできたよ

クリップが箱にピッタリ！

　中学年のある授業で，私に叱られた子が「これからは正しい図工をやります」と言ってきたことがありました。私は，叱ったわけをその子自身に問い質してほしかったので「正しい図工？　そんなものあるわけない！」と，とんでもないことを言ってしまいました。その後私は，「正しい図工」について問い続けていました。そこで，その子たちに卒業前の最後の授業で「正しい図工」があるのかを問いました。その答えの一部を紹介します。

ローラーとばれんを片付け?!ました

- ・自分が正しいと思うものを基準にするから人には個性が生まれる。
- ・ある人が正しいと思うことが，他の人にとって正しくないことがある。
- ・正しい図工があっても人それぞれだと思う。
- ・自由だと「正しい」は1つではない。でも「いい図工」はあると思う。

　図画工作は，子供にとって，生きていくための本質を学ぶ場なのかもしれませんね。

　また，季節の感じ方にも「正しい」はないのかもしれません。夏をイメージする色を，低〜高学年までの子供たちに尋ねたことがありました。青，赤，緑，水色など様々です。例えば，その青を表すとき，学年や描画材によっても，それぞれの青になることでしょう。季節の感じ方は無数にあり，だからそれらを形や色に表して，共有することで，人との違いを知り，表すことの楽しさを実感するのだと思います。

4章

冬の題材

中学年

36 ガンガン氷で何しよう

造形遊び　全2時間

ねらい
凍った氷を砕く感覚を楽しんだり，砕いたものと関わったりする中で，やってみたいことを見付け，考えて活動していく。

材料や用具
げんのう，お盆，カップ，桶，砕いた氷を入れる入れ物（バケツなど）

活動場所
校舎の裏側などの，日陰の雪が凍った場所

準備について
①雪が降った数日後，日陰の雪が解けて凍った場所を探す。できれば氷に厚さがあると砕く感覚がより楽しめてよい。
②砕いた氷を運んだり，入れたりできるものをたくさん用意する。

授業の流れ

1 雪が凍っている場所を見付ける
　雪が凍っていて氷になっている場所を子供たちが見付けるようにします。

2 氷を砕いていく
　げんのうを使って氷を砕いていきます。
（※飛び散ったりする氷に注意するようにします）
きれいに割れたり，粉々になる感覚を楽しみます。

3 やりたいことを見付けていく
　個人やグループでやりたいことを見付けて活動していきます。

げんのうなどを使って氷を砕いて集めます

この題材で大切にしたいこと

　氷を砕いたり地面からはがしたりする感覚を味わわせたいです。
　雪が降ったらできることは，雪遊びだけでないということや，子供たちがいつも釘を打っているげんのうが，材料をつくり出すためのものになるということを，子供たちにはぜひ感じてもらいたいものです。

砕いた氷を並べたり，積んだりしてみます

指導と評価のポイント

・安全指導はしっかりと行います。
・砕く感覚やできた形などからやりたいことを見付けているかを見取ります。

細かく砕いたものをカップに入れて固めてみたりしています

（菅野　光洋）

冬

高学年

37 風を感じて

造形遊び　全2時間

ねらい
風の動きを捉える場所や材料の特徴を見付けたり，風の形や色を考えて表したりする活動を通して，自分なりに思い付く力を培う。

材料や用具

はさみ，スズランテープ，かさ袋，ビニール袋（スーパーマーケットの袋でよい）

活動場所

屋上，校庭など

準備について

①スズランテープは，色を多め（3～8色）に用意する。使い始めは2～3mで切り取って進めるようにして，活動の発展性に応じて自分の好みの長さで切って使えるようにしたい。

②友達にスズランテープが絡まるなど危険な行為にならないよう，使用する際の操作についての安全指導をしっかり行うようにする。

授業の流れ

1 風を感じる

風の吹く場所や，風についての経験などを伝え合い，風の感覚を共有します。子供たちの経験を引き出し，表現したい思いにつなげます。

2 風から感じたことを生かして，風を色と形で表していく

風の吹く場所を探し，風そのものを感じながら，スズランテープやビニール袋を使って，表現します。

3 いろいろな場所の風を生かしたみんなの表現を見てみる（鑑賞する）

互いの表し方の違いに気付けるよう，どんなことを表現し，何をつくり表現したのかなど，具体的に発表します。

この題材で大切にしたいこと

夏や冬など，風が強く吹く季節に実践したい題材です。風のもつ魅力を十分感じることが大切です。風の動きを感じ，それを生かして場所や環境と関わりながら，材料を使って思い付いた活動を広げていく題材です。目には見えない風の姿から，自分の思ったことを試していく時間を大事にさせます。

指導と評価のポイント

- 場所に応じて，風の変化などを捉えながら，材料を効果的に扱うことができているかを見取ります。
- 様々な材料を試しながら，自分らしい表し方を探そうとしているかを見取ります。

ここだとちょうど風が吹き込むね

（堀江美由紀）

低学年

38 ゆきがふったら

絵　全4時間

ねらい
指を使って雪をかき，想像を広げたことをクレヨンなどで絵に表す。

材料や用具
濃い色の色画用紙，白い絵の具，絵の具を出すカップ，クレヨン，タオル

活動場所
教室

準備について
①雪が降ったらどんなことをして遊びたいか話し合っておく。
②子供一人一人が白い絵の具をもてるように，カップに入れておく。
③白い絵の具で汚れた指を拭く濡れタオルを用意する。

授業の流れ

1 指で色画用紙に雪をふらせる

　濃い色の色画用紙に白い絵の具を指で付け，絵の中に雪を降らせます。「このくらいの雪だとどんな遊びができるかな」などと声をかけ，想像を広げさせます。

2 雪が積もったところなどもつくる

　雪がたくさんかけたら，雪のつもったところや，雪だるまやかまくらなどのかきたいものも指でかき足します。

3 遊んでいる様子などをクレヨンでかく

　自分や友達が遊ぶ様子をクレヨンでかき足します。ソリやスキー，雪の下の家などもどんどんかき足します。

4 必要なら雪をかき足す

　納得いくまで雪や人などをかき足します。

この題材で大切にしたいこと

　指で雪をかきながら「こんなことができたら」と想像したことをかく楽しさを味わわせたいです。

指導と評価のポイント

- 指で雪をかく楽しさから「こんな遊びができたらいいな」と想像を広げることを共感的に評価し，表現につなげていきます。
- クレヨンの色を使って人物を表すことの楽しさを十分に味わわせ，表現の工夫を評価します。

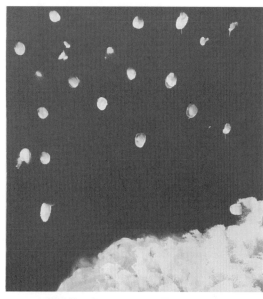

指の付け方でいろいろな雪がふります

どんな遊びができるかな？

こんな遊びをしてみたいな

（林　小和子）

冬

低学年

39 「ねこどし」があったらいいニャン

絵　全4時間

ねらい
絵本を見たり聞いたりすることから思いを広げ，想像したことを墨やクレヨンやパスなどで工夫して絵に表すことを楽しむ。

材料や用具

墨（各種），画用紙（四つ切または六つ切），雑巾，絵の具用筆，書写用筆，クレヨン，パス，色鉛筆，トレイ，お皿

活動場所

図工室または教室など

準備について

①読み聞かせをする絵本を決める。
②筆やトレイ，お皿，墨などを，4～5人のグループにそれぞれ用意する。

授業の流れ

1 絵本の読み聞かせをする
お正月に関連した絵本の読み聞かせをします。今回は，『十二支のはじまり』という絵本を使用します（色々な作者のものがあるので，好みのものを探してみてください）。読み聞かせから思いを広げ，上級生のかきぞめの墨にちなんで，墨で絵をかくことを伝えます。

2 主題からイメージを広げる
絵本から思いを広げさせ，主題の猫（今回は，十二支にはない猫を主役にしました）について，顔や体の形，大きさや周囲の様子などを考えます。

3 墨でかくことを楽しむ
体の向きや顔の形，大きさなど自分の思いに合わせて，表したいようにかいていきます。

4 墨や筆の特徴に気づく
墨の量や筆の種類，太さによって，かき心地や線の感じが異なることに気づいていきます。

ここでちょっと一言！

初めて墨を扱う際は，試しの紙を用意しておくとよいでしょう。また，太さの違う筆も用意して，工夫できるようにしました。

絵本の読み聞かせをします

墨で思い思いにかいていきます

墨のかすれを生かして
細筆で毛並みの感じをかいています

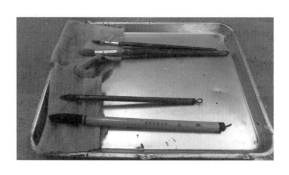

4章　冬の題材

5 作品を乾燥させ，次回の話をする

　たっぷり墨を付けて黒猫をかいた子や，絵本のお話からイメージを広げた子など，様々な作品があったことを伝えます。次回，色を塗ったり，かき足したりすることを伝えます。

6 みんなで作品を見る

　全員の作品を掲示して，みんなで作品を見ます。楽しいところや気になるところなどを話したり聞いたりします。

7 かいた様子や主題からかき足しする

　墨でかき足したり，クレヨンやパス，色鉛筆などで色を付けたりして思いを広げていきます。

この題材で大切にしたいこと

　絵本は，手立てのひとつです。物語や挿絵の再現ではなく，イメージをもたせるためのきっかけにします。

　活動の途中や終盤で全員の作品を見ながら話したり聞いたりする場は，自分や友達の違いを知るとても大切な時間です。このような場は，低学年から体験しておくようにしたいです。

指導と評価のポイント

- お正月の話題を取り入れ，読み聞かせに関心をもたせます。
- 墨でかくことや，クレヨンやパス，色鉛筆などでかくことを楽しんでいるか，材料と関わっている姿を見取っていきます。

様々な子供の表現を見取ります

作品をみんなで見て，思ったことを
話したり聞いたりします

クレヨンやパス，色鉛筆などでかき足していきます

Gallery

製作途中の作品を全部掲示してみんなで見ます

「ねこかぞく」クレヨンの白で毛の模様をかき足しました

色々な色のクレヨンで，模様を工夫しました

「あれ？ ねずみくん！」
絵本のお話から思いを広げました

「およぐねこ」青いクレヨンで川をかきました

（平田　耕介）

冬

低学年

40 干支の絵かきぞめ

絵　全2時間

ねらい
手や指を使い，かいたり塗ったりする心地よさを味わいながら，その年の干支の動物の姿を自分なりに考えてかき表すことから，楽しく表現する力を培う。

材料や用具
どろどろ絵の具（「準備について」参照），個人用絵の具，雑巾，皿，色々な色の画用紙（自分で好みの色を選べるようにする），干支の動物の資料（必要に応じて）

活動場所
図工室または教室

準備について
①液体粘土と少量の水を指でよく混ぜて，どろどろ絵の具をつくる。
②どろどろ絵の具を3〜4人の班に1つずつボウルなどに入れておく。
③どろどろ絵の具は，自分の個人用絵の具と混ぜて使用できることを伝えるようにする。

授業の流れ

1 その年の干支の動物を想像する

「今年の干支は，"とりどし"です」などと，その年の干支を伝えます。その干支にちなんで，自分が思い描くその動物の姿（このときは鳥）をかき表すことを伝えます。

2 材料を紹介する

好きな色の画用紙を選んで，どろどろ絵の具と個人用絵の具の色を混ぜながら手や指でえがいていくことを知ります。

3 干支を思い思いにかき表す

大きくダイナミックにかきたい，指で細かくかきたいなど，表し方は自由です。干支の動物の形やイメージがまとまらない子には，その動物の絵などの資料を見せてもよいでしょう。

この題材で大切にしたいこと

手でかくことで，触感から心地よさを感じると同時に楽しく動物をかくことを味わいます。どろどろ絵の具の触感を楽しみながら，指先や手の動きから自分なりの発想を広げて動物を形づくっていく時間を大切にさせます。年明けの「絵かきぞめ」として，その年に応じた干支を楽しくかく活動になります。

指導と評価のポイント

- 指や手のひらで思いのままにかいたり塗ったりすることから，自分なりに思い付いて表しているかを見取ります。
- 絵の具を使って手でかく心地よさを味わいながら，かく活動を楽しんでいるかを見取ります。

どんなとりさんにしようかな？

どろどろ絵の具に色をつけてみたよ

私は親子のとりさんをつくってみたよ！

（堀江美由紀）

高学年

41 真冬に描く心の中の花

絵　全8時間

ねらい

花の少ない真冬に，花と関わった経験を思い起こしながら，自分にとっての花のイメージを思い浮かべ，表現したいことや自分なりの意味を考えながら形や色，構図を工夫してかく。

材料や用具

黄ボール紙，アクリル絵の具，パステル，カラーペン，クレパス，コラージュ材料（色紙，お花紙，和紙，トレーシングペーパーなど），花の写真や資料

活動場所

図工室

準備について

①花の写真や資料を用意し，必要があれば見ることができるようにする。

②表現したいことや挑戦してみたい描画方法などをメモするワークシートをつくる。

③アクリル絵の具を使いやすく配置する（彩色の段階で各班に2〜3色ずつ配置し，子供が作品を持って使う色のある場所を回れるようにする）。

授業の流れ

1 計画する
これまでに花を見たことや関わった経験などをもとにイメージを広げ，自分なりに花を捉えてどのように表現したいかを考えます。アイデアスケッチをします。

2 かく
表現したいことを意識しながら，下がきをし，描画材を選んで彩色します。イメージと違うと感じたら，アクリル絵の具で上塗りし，また新たにかいていきます。パステル等他の描画材やコラージュ材料も，必要があれば使いながら仕上げます。

3 鑑賞する
自分が表現したかったこと，新たにチャレンジしたかき方などを伝え合いながら作品を鑑賞します。

この題材で大切にしたいこと

自由にイメージを広げ，自分がかきたいと思うようにのびのびかけるよう，個々のアイデアを大切に聞き取りながら支援します。

指導と評価のポイント

- かく過程で思いどおりにいかなくても，塗り重ねることでやり直しができるよう，アクリル絵の具を主な描画材として使用します。
- 鑑賞の際に，作者の意図を感じながらよく見ることができるよう，別の作品の作者になりきって絵の意味を紹介するなど，発表や会話の形式を工夫します。

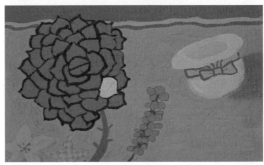

「違いをこえて！」

「ぼくが感じた，表したかったまぼろしの花」

「ぼく達も動きたい」

（門脇あずみ）

冬　中学年

42 わたしのふわふわちゃん

絵・立体　全4時間

ねらい
やわらかい材料を味わったりつくり方を試したりして，つくりたいものを思いつき，絵や立体で表す。

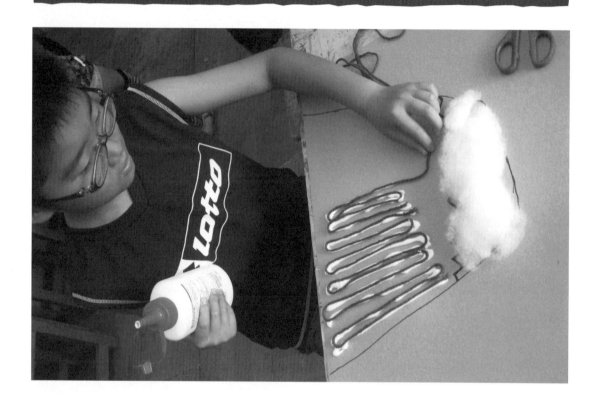

材料や用具
綿，毛糸，スポンジ，モール，フェルト，梱包材，網，チョーク，芯材になりそうなもの（空き箱や紙コップなど），ダンボール，両面テープ，接着剤

活動場所
図工室

準備について
①やわらかい材料が身近にある子には，持ってくるように伝えておく。
②綿だけでは形にしにくいので，芯材になるものなど他の材料も想定しておく。
③表現した作品をすぐに共有できる場として，鑑賞用に作品を置ける机を用意しておく。

授業の流れ

1 やわらか材料を触ってみる

班ごとに綿のかたまりを渡し，みんなで分け合います。子どもが親しみを覚えるよう，「やわらか材料」と呼んで提示しました。寒い時期なので，自然と顔に付けて味わったり，触り心地を楽しんだりするでしょう。材料の魅力を十分に味わう時間です。

2 やわらか材料を組み合わせて表す

やわらか材料に触れたときに思いついたことや見付けたことをきっかけに楽しく表していきます。チョークや網を使って綿に色を付けたり，他の材料と組み合わせたりして表します。

3 みんなの作品を見てみる

みんながつくった作品を見てみます。見るだけでなく触ることで，そのよさをより深く味わうことができます。

この題材で大切にしたいこと

見るだけでなく材料の特徴をしっかり味わうことで，深く理解することができるのが図画工作のよさです。様々な材料に触れ材料と仲良くなることは今後の活動の選択肢を増やします。季節を意識することでその材料の魅力を引き出すことができます。

指導と評価のポイント

- やわらかい材料なので絵にも立体にも広がります。子供の活動に合わせて選べるよう芯材やダンボールなどを用意します。
- 接着しにくい材料なので，両面テープや乾きやすい接着剤を用意しておきます。

綿はずっと触っていたくなる魅力的な材料です。
綿以外のやわらか材料にも十分に触れて活動しました。

チョークで色をつけました。
混色して色の違いを見つける子もいます。

見るだけでなく，やさしく触って
その子の作品を鑑賞します。

（杉山　聡）

低学年

43 なかよしゆきだるま

立体　全6時間

ねらい

丸めた新聞紙に半紙を貼ってつくった雪だるまから，思いを広げて，色画用紙や綿などの材料を付け足したり，カラーペンなどでかき足したりして，つくることを楽しむ。

材料や用具

新聞紙，半紙，厚紙（板目紙など），のり，セロハンテープ，はさみ，色画用紙，折り紙，綿，洗濯のり，トレイ，お皿，雑巾，カラーペンなど

活動場所

図工室または教室

準備について

①新聞紙（1人4枚程度）と半紙を用意する。
②半紙は2～3cm幅位に裁断しておくとよい。
③洗濯のりは水で溶いてお皿などに入れておく。
③雪だるまの土台にする厚紙（板目紙など）をB5サイズ位に裁断しておく。
④色画用紙や折り紙，綿なども子供が使いやすいように準備する。

授業の流れ

1 「溶けない雪だるま」の話をする

　冬といえば雪だるまがイメージされます。「冬が終わっても溶けない雪だるまをつくろう」と投げかけ，活動の説明をします。

2 新聞紙と半紙で雪だるまをつくる

　新聞紙と半紙で雪だるまを2体つくっていきます。丸めた新聞紙に水で溶いた洗濯のりに浸した半紙をトレイの上で貼りつけていきます。大きさを変えてよいことや，2体の関係なども想起させながらつくります。

3 色画用紙やペンなどで工夫する

　翌週，乾燥した雪だるまを土台の厚紙（板目紙など）に置き，イメージを広げます。

　色画用紙を切って貼ったり，背景を想像してカラーペンでかいたり，綿をちぎって貼ったりして，工夫していきます。

この題材で大切にしたいこと

　新聞紙を丸めたときの感覚や，液状になった洗濯のりが染みこむ半紙の感触なども味わうように促します。発想が広がる手立てとして，雪だるまを2体つくるようにしました。親子や兄弟，友達など，子供がどんなことを思い付くかを見守りましょう。

指導と評価のポイント

- 半紙を貼っていくときは，個々の子供の様子を見ながら適宜支援します。
- 2体の雪だるまからイメージを広げて，色画用紙を切って貼ったり，綿を付けたりして，工夫している姿を見ていきます。

半紙を液状の洗濯のりにひたして，貼っていきます

家族をイメージして，3人に増やしました

画用紙で雪の家をつくり，綿や色紙で工夫しました

（平田　耕介）

冬

低学年

44 冬やすみ，こんなことしました

立体　全2時間

ねらい
粘土の感触を味わいながら，冬休みにあった出来事や印象的なものなど自分が伝えたいことを形に表すことを楽しむ。

材料や用具

粘土（油粘土でも土粘土でも可），粘土版，粘土べら，題名掲示用の小さな紙

活動場所

教室など（机を班の形にして，互いの活動が見合えるようにする）

準備について

①机を班の形にしておく。
②粘土と粘土版を用意する。
③題名を書くための紙を切っておく。

授業の流れ

1 冬休みの話をする
　教師が冬休み中にしたことを話します。
　子供たちにも自分がしたことなどを想起させて，自分もまわりの人に伝えたいという気持ちを高めます。

2 冬休みにしたことを粘土で表す
　自分が話したいことを言葉で伝えずに（友達には何をつくっているかは内緒にして）粘土でつくるように伝えます。手や粘土べらなどを使いながら，自分の伝えたいことを立体に表します。

3 友達や先生と作品を見合う
　小さい紙に作品のタイトルを書いて伏せておきます。何をつくったのか想像したりタイトルを確認したりしながら作品を見合います。

この題材で大切にしたいこと

　子供たちの伝えたい思いを大切にしたい題材です。何をつくるのか敢えて言葉にせずに，自分が何をつくっているか当ててほしい気持ちでつくっていくところがポイントです。言葉で説明できない分，それを形にして伝えようとするため，自分の印象に残っているものやことに関して自然に創意工夫が生まれます。

指導と評価のポイント

- 伝えたい思いをもち，楽しみながら表すことができたかどうか，活動から見取ります。

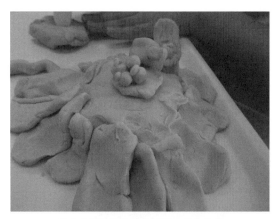

こたつでみかんをたべているところ

そりすべりをしたよ

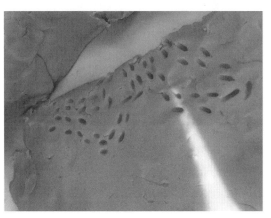

ゆきのうえにあしあとがいっぱいついた

（室　恵理子）

中学年

45 おねがいだるまん

立体　全8時間

ねらい
願いごとをかなえてくれる自分だけの「だるまん」の形や色を想像し、特徴や性格なども考えながら紙粘土で立体に表す。

材料や用具

紙粘土（乾燥時に重さのあるもの），古新聞紙，色紙，水彩絵の具，水性ニス，身辺材料，はさみ，のり

準備について

①古新聞紙を集めておく。
②願いごとを書き入れる色紙を適当な大きさに裁断する。

活動場所

図工室

授業の流れ

1 計画する

　縁起物として親しまれるだるまのいわれを知ります。自分の願いごとなどをもとに，どのような形や模様でオリジナルのだるま「だるまん」がつくりたいかを考えます。アイデアスケッチをしながらイメージを広げます。

2 新聞紙の玉を紙粘土でくるんで形をつくる

　願いごとを好きなだけ書いた色紙を丸めて新聞紙でくるみ，上から薄くのばした紙粘土で包んでボール状にします。残りの紙粘土で形をつくります。

3 彩色し，ニスを塗って仕上げる

　水彩絵の具で彩色し，乾燥させてからニスを塗ります。色紙や身辺材料などでだるまんの道具や家や座布団など，思い付いたものを自由につくります。

この題材で大切にしたいこと

　年明けの題材として，自分の夢や願いごととともに，1年のめあてや希望などを見通しをもって考え，思いをこめてつくれるようにしたいです。

指導と評価のポイント

- できあがった作品同士に会話をさせるようにして楽しんだり，持ち物をつくったりしながらだるまんと遊ぶ時間をとり，満足感につなげます。

「とげピー」（写真左下）は，
ペットを長生きさせる願いを込めた作品です

（門脇あずみ）

冬

中学年

46 えんぎもの

立体　全6時間

ねらい
新しい年への希望などを考え，自分なりの張り子のダルマに表す。

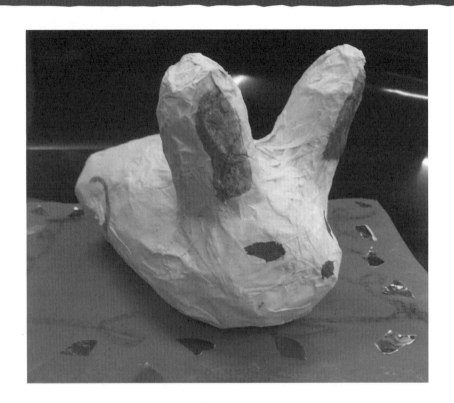

材料や用具
はさみ，でんぷんのりまたは木工用接着剤，絵の具，新聞紙，テープ，半紙，ボール紙，刷毛，墨汁，ニス

活動場所
図工室や教室など

準備について
①ダルマや干支の置物など新年に飾られる郷土玩具を教室などに飾り，身近で鑑賞させておく。
②でんぷんのりか，木工用接着剤を水で2倍くらいに薄めて張子用に用意する。
③新聞紙，半紙は貼りやすい大きさ（7×10cmくらい）に裁断しておく。

授業の流れ

1 イメージをもつ
その年の干支や縁起がいいとされるもの，身近に置きたいものなどを話し合い，自分がつくりたい張り子のイメージをもちます。

2 新聞紙とテープで芯をつくる
新聞紙を丸めてテープでとめ，張り子の芯をつくります。一番下にボール紙を貼り付け，平らにすると倒れにくくなります。

3 新聞紙と半紙を貼り重ねる
新聞紙に刷毛でのり（薄めたもの）を塗り，2に貼り重ねます。新聞紙を二重に，その上から半紙を二重に貼り，よく乾かします。

4 墨汁，絵の具で色を付ける
郷土玩具などの色彩にふれさせ，墨汁，絵の具で色をつけて仕上げます。しっかりと仕上げたいときはニスを塗ります。

この題材で大切にしたいこと

子供の身近にある伝統文化に改めてスポットをあてることで，伝統文化の技が生活を楽しくすることを感じ取らせたいです。

指導と評価のポイント

- 伝統的な造形とその子なりの願いから発想を広げることを大事にします。
- 紙を貼り重ねていくことには根気と技能が必要です。やる気を継続させる評価が大事です。

丸めた新聞紙に，少しだけ耳や手足をつけます

新聞紙や半紙に1枚ずつのりをぬり，重ねて貼り込んでいきます

「家族が元気で楽しく過ごせるように願いを込めたよ」

（林　小和子）

冬　　　　　　　　　　　　　　　　　　　　　　　6年生

47 飛び立つカタチ

立体　全6〜8時間

ねらい
卒業に向けて新しい世界へと飛び立つ自分を、飛びたい形に見立てて表現する。

材料や用具

アルミ針金各種，アルミホイル，ポリラップ，セロハンテープ，板，木片，ペンチ，ドリル，映像資料

活動場所

図工室または教室

準備について

①飛行機，ロケット，鳥などの映像資料を用意する。
②木片で人数分の台座をつくっておく。
③1.5m〜2m位にアルミ針金を人数分カットし，両端を折り返す（危険防止のため）。

授業の流れ

1 卒業に向けて期待をもつ
新しい世界に色々なことが待っていることを意識させ,「飛び立つ」をテーマに立体に表すことを伝えます。

2 デザインを考える
映像資料を使って, 人工物, 自然物, 動物など色々な飛ぶものを紹介して構想の参考にします。

3 台座を選び針金を固定する
色々な形, 大きさの台座の中から好みのものを選び, 針金と同径の穴をあけて両端を差し込みます。

4 表したい形をつくる
針金を曲げて大まかなアウトラインを形成し, 細い針金なども使って骨組みを構築します。

アルミホイルやポリラップなども好みに応じて使っていきます。

この題材で大切にしたいこと

新しい世界に挑戦する方法は色々あって, 自分に一番合ったやり方, 形を信じて行動することが大切なんだということを, 作品づくりを通して伝えたいです。

指導と評価のポイント

- 針金の末端の処理に注意して進めさせるようにします。
- 自分なりの「飛ぶ」形を追求して表現しているかを見取ります。

「誰よりも遠く, どこまでも遠く」

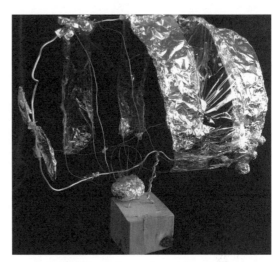

「のんびりいこう, マイペースでいこう」

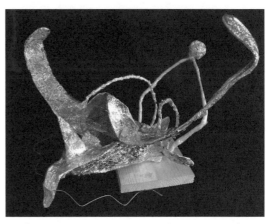

「どうせやるならこのくらい目立たなくちゃね」

（鶴内　秀一）

低・中学年

48 立体福笑いをつくって遊ぼう

ねらい

工作 　全2時間

紙を折ったり，丸めたりして，できた形を生かして福笑いをつくり，楽しむ。

材料や用具

色画用紙，はさみ，目隠しになるもの

準備について

①色々な色の画用紙や切れ端を用意する。

活動場所

図工室または教室

授業の流れ

1 福笑いを知る

日本の伝統的な遊びの福笑いを知らない子供もいるので，参考作品等で実演して見せてイメージをもたせます。

2 台紙やパーツをつくる

台紙を色々な形に切ります。次にパーツをつくります（目・鼻・口は必ずつくります）。できあがった際の面白さを考えて色や形を工夫します。

触った際に形がよりわかるように，それぞれのパーツの輪郭だけでなく，立体的に折ったり丸めたりします。

3 みんなでつくった福笑いで遊ぶ

目隠しをして福笑いで遊ぶと，できあがる顔の部品の配置が乱れます。それを見てみんなで笑い楽しみます。部品を渡したり，位置をアドバイスしたりすることで必然的にコミュニケーションが起こります。また，目隠しをした子供は，触覚を働かせて部品の形や立体感を捉えて楽しむことができます。

この題材で大切にしたいこと

子供たちが伝統的な遊びをする機会は減少してきています。伝統的な遊びを，図画工作として，色と形を工夫してつくっていきます。つくったもので，友達と遊ぶことを通して伝統的な遊びのよさを理解していきます。

指導と評価のポイント

- 台紙の形やパーツの立体感や色を工夫しているかを見取ります。

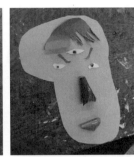

「見たこともない」「宇宙人」などのキーワードを子供から引き出すと，色々な形の福笑いが出てきます

「これが目だよ」「もっと右だよ」「そこちがーう」「面白いね」と，つくったものを楽しみながら活動していきます

（菅野　光洋）

49 ビニール凧をつくって揚げよう！

冬 / 中学年

工作 **全4時間**

ねらい
ビニールを使って凧を工夫してつくり，揚げて楽しむ。

材料や用具

ビニール袋（大きめのレジ袋など），スズランテープ，ストロー，タコ糸，はさみ，セロハンテープ，油性ペン，ゼムクリップ

活動場所

図工室または教室，校庭

準備について

①糸目用のタコ糸を，1人あたり120cm位用意する。
②揚げ糸用のタコ糸5～6mを厚紙に巻いて，端にゼムクリップを付けておく。
③尻尾用に，スズランテープを1m位用意しておく。

授業の流れ

1 凧の形を考えてつくる

日本の伝統的な遊びの凧揚げを知らない子供もいるので，参考作品等や写真を見せてイメージをもたせます。

ビニール袋を切り開いてシート状にします。凧の型を用意したり，左右対称になる形を考えたりして，油性ペンで下書きをして切ります。

2 骨をつくり，絵や模様をかく

風を受ける際に「面」ができるようにストローなどで骨をつくり，貼り付けます。

油性ペンで絵や模様などをかきます。

3 糸目と尻尾を付ける

できたものを半分に折り畳み，真ん中より上の両端にセロハンテープで補強をして穴をあけます。糸目用のタコ糸をその穴に結び付け，タコ糸の長さの真ん中に輪になる結び目をつくります。これで糸目が完成します。

最後に，スズランテープの尻尾を付けます。

4 揚げ糸を付けて，揚げて遊ぶ

糸目につくった結び目に，ゼムクリップを付けた揚げ糸を付けて，揚げて遊んでみましょう。

この題材で大切にしたいこと

自分たちが試行錯誤してつくったものが空に揚がっていく感動を大切にしたいです。

指導と評価のポイント

- 凧を揚がるように工夫してつくっているかを見取ります。

ビニールを切り開いてつくったシートを左右対称な形になるように切っていきます

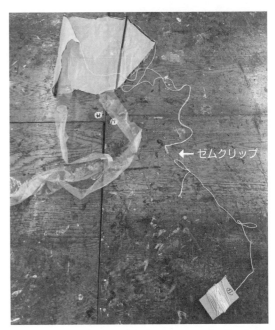

本体の糸（糸目）と揚げ糸をゼムクリップで付けます

実際に外で揚げるとき，子供たちは一生懸命に走るので，揚げ方も指導するとさらに楽しめます

（菅野　光洋）

6年生

50 ○○小　瞬間コレクション

鑑賞　4時間

ねらい

卒業前に，自分の気持ちや思い出をのせて，校内のものや風景を自分の視点で写真に撮る。自分たちの写真のよさや美しさ，表現の意図や特徴を感じ取りミニ写真集をつくる。

材料や用具

筆記用具，タブレットパソコンまたはデジタルカメラ（人数分用意できるとよい），プロジェクターやスクリーンなどの投影機器，B5の白い紙，セロハンテープ

活動場所

校庭，廊下，教室，図工室など

準備について

①導入で使用する写真家の作品の画像を用意する。

②第1時の活動後，子供の撮った写真を定期券サイズで印刷し，カード状に切ることができるようにする（班の数＋予備）。

③B5の白い紙を横長に切っておく（人数×3枚くらい）。

授業の流れ

1 写真家の作品を鑑賞する
　身近なものや風景を写した作品を見て，感じたことや発見したことを話し合います。

2 校内で写真を撮り，お気に入りを選ぶ
　一人一人が工夫して校内の写真を数枚撮ります。1番気に入った写真を選びます。教師は次時までにその写真を定期券サイズで印刷し，カード状に切り，写真カードにします（班の数＋予備）。

3 撮った写真をみんなで鑑賞する
　クラス全員分のお気に入りの写真をスクリーンにスライドショーで映し，みんなで鑑賞します。班ごとに，クラス全員分の写真カードを分類する活動などをして鑑賞します。

4 ミニ写真集をつくり，鑑賞する
　白い紙に写真カードを選んで貼り，題名やコメントを付けます。完成した写真集を見せ合い，自分の視点の工夫，見つけたよさや美しさを伝え，感想を話し合います。

この題材で大切にしたいこと

　卒業が迫る季節。6年間過ごしてきた学校の身近なものや風景の写真を自分の視点で撮り，友達の写真と一緒にまとめます。この活動や写真集が卒業生の宝物になることを願います。

指導と評価のポイント

- 導入で，写真家がなぜこの距離や角度で撮ったのか意図を想像すると，写真を撮るときや鑑賞するときの視点になります。

同じ写真をみんなで見ることで発見を共有します

自分達なりの分類をしながら注意深く見ます

自分や友達の作品を対比して見ています

（長翁　環実）

おわりに

　私は，大学の附属中学校と高校で6年間を過ごしました。絵をかくことや美術に興味があったので，そのまま大学の芸術学部に進学し，10年間も同じ学び舎となりました。そんな自分の「歩み」に，どこかコンプレックスがあり，大学でしかできないことを考え，教員免許の取得を考えました。「教師になるぞ！」と，それほど強く思っていたわけでもなく，だた，「資格をもっておこう」くらいの気持ちでした。

　しかし，中学校での教育実習が，大学卒業後も，ずっと心に残っていました。実習での私の授業は，つまらない内容でした（その内容は，読者の皆さんのご想像にお任せします）。なぜつまらないのかは，授業での生徒の姿からすぐに気付きました。

　ところが，生徒たちは，私の授業に一生懸命応えてくれました。その姿が，今でも印象に残っています。実習後，「もっと興味がもてる内容にすればよかった」「様々な材料体験ができる方が楽しかったかも」など，あれこれ課題を反省しつつ，教職の奥深さと美術に関わることの面白さを実感しました。

　教師が興味，関心をもっていることが，子供と違うのは当然です。教師と子供の思いが違うからこそ，新たな世界が創られ，楽しさや喜びが生まれるのではないでしょうか。では，日々の題材は，どこからやってくるのでしょうか。その手掛かりのひとつに「季節」があります。

　読者の皆さんは，好きな季節はありますか。日本は，南北に長い国土であり，四季の移り変わりを地域ごとに感じることができます。だから，どの地域の人にも，それぞれに「春夏秋冬」をイメージする感覚があるのでしょう。子供たちも，私たちと同じように，その地域の季節を感じながら，成長しているのだと思います。

　自然や人々の営みを，体全体で感じ取りながら成長している子供たちが，自分の感性や感覚で，自分らしく表すことのよさを実感できる図画工作を目指したいですね。そんな授業づくりのために，本書を役立てていただけたら幸いです。

　最後になりましたが，本書を手に取ってくださった読者の皆さん，編集にあたって実践を紹介してくださった先生方，関わってくださった全ての皆様に感謝いたします。ありがとうございました。

2019年1月　平田　耕介

【執筆者一覧】（執筆順）

平田　耕介（東京都新宿区立津久戸小学校）

宮内　　愛（東京都中野区立平和の森小学校）

藤本美紗子（東京都墨田区立小梅小学校）

雨宮　　玄（東京都あきる野市立東秋留小学校）

鶴内　秀一（東京都東久留米市立第三小学校）

杉山　　聡（東京都板橋区立板橋第六小学校）

中島　綾子（東京都荒川区立赤土小学校）

内田佳代子（東京都目黒区立緑ヶ丘小学校）

門脇あずみ（東京都中野区立塔山小学校）

南　　育子（東京都墨田区立業平小学校）

尾科婦美子（東京都墨田区立外手小学校）

河野　　路（東京都東村山市立南台小学校）

林　小和子（東京都立川市立第一小学校）

菅野　光洋（東京都新宿区立市谷小学校）

麻　佐知子（東京都新宿区立東戸山小学校）

堀江美由紀（東京都葛飾区立こすげ小学校）

室　恵理子（東京都足立区立千寿双葉小学校）

長翁　環実（東京都墨田区立両国小学校）

【編著者紹介】

平田　耕介（ひらた　こうすけ）

東京都新宿区立津久戸小学校　指導教諭。

大学卒業後，民間の企業に約6年勤務。平成5年度より，都立特別支援学校小学部教員となる。都公立中学校美術教員を経て，平成12年度より，都公立小学校図工専科となり，現職。平成17年度，第44回東京都図画工作研究大会城東大会研究局長，その後，東京都図画工作研究会副会長，理事長，参与，全国造形教育連盟　事務局長を経て，平成29年度，再び東京都図画工作研究会　理事長となる。同年度に主幹教諭から指導教諭となる。

図工科授業サポートBOOKS

小学校図工　春夏秋冬の題材50選

2019年3月初版第1刷刊	©編著者	平　田　耕　介
	発行者	藤　原　光　政
	発行所	明治図書出版株式会社

http://www.meijitosho.co.jp
（企画・校正）小松由梨香
〒114-0023　東京都北区滝野川7-46-1
振替00160-5-151318　電話03(5907)6701
ご注文窓口　電話03(5907)6668

＊検印省略　　　　　組版所　株式会社ライラック

本書の無断コピーは，著作権・出版権にふれます。ご注意ください。

Printed in Japan　　　ISBN978-4-18-242115-0

もれなくクーポンがもらえる！読者アンケートはこちらから→